OHSAMA BUNKO

心屋仁之助の
それもすべて、
神さまのはからい。

心屋仁之助

三笠書房

はじめに——「すべては、神さまのはからい」そう思うだけで、何だか楽しく生きられる

僕たちは毎日、「いいこと」や「悪いこと」に直面して、そのたびに一喜一憂していいます。

生きていたら、イヤなこともあるし、うまくいかないこともある。だからこそ、「あーでもない、こーでもない」と悩んでしまうことがあるものです。

でも、そんなときこそ、

「もしかしたら、これは〝神さまのはからい〟なのかもしれない」

と考えてみられたらいいなぁと思います。

囲碁で使われる言葉に「布石《ふせき》」というものがあります。これは対局のはじめの段階で、作戦を立てながら「要所」に石をポンと配すること。

そして、神さまは、僕たちの「人生の要所」にも、たくさんの「布石」を置いているなぁということに、僕は最近、気がつきました。


神さまがポンと置いたこの石は、僕らが「今」見たところでは、いったい何の意味があるのか、まったくわかりません。たまに、

「そこに置いたらダメでしょ、それは！」

というところに石を置かれることもあります。

そんなとき僕らは、

「イヤだなぁ」

「困ったなぁ」

とか悩むのですが、上から見ている神さまからすれば、

「まあ、待て。お前、落ち着け。まあ、黙って見てろ。悪いようにはせんから。（数年後）ほらな、うまくつながったじゃろ」

こんな感じなのです。

もしかしたら、人生の中の僕たちは「スーパーマリオみたいなもの」なのかもしれません。

ゲームの中のマリオは、ジャンプしたり移動したりして、いろいろな危険をクリアしていきますが、マリオ本人の意思で動いているわけではなく、ゲームを操作している僕らが動かしているわけです。

もし、ゲーム内のマリオが「俺、自分の意思でこっちに進んでるんだ」と言いだしたら、「こいつ、気づいてないなー。俺が操っているのに」と思うでしょう。

さらに、このキャラが自分の意思でとんでもない方向に動き始めたら、「お前、勝手に動くな！」と言って、強引にでも動きを止めるでしょう。

同じように、「人生というゲーム」の中では、あなたは「ゲームのキャラクター」であり、神さまが「操作プレイヤー」なのかもしれません。

そうであるならば、ゲームのキャラクターであるあなたは、目の前に障害物が現われたり、向こうから敵が来たりしても、仕方がありません。

「ああ、そうですか、飛べばいいのね。向こうから来ているヤツも、しゃーないですね。倒しますわ」

そんな感じで、**「何があってもクリアするしかない」**ということです。

だって、操作しているのは、神さまなんです。ちょっとイヤなことや、つらいことがあっても、それは自分の意思で呼び込んだものではない。神さまの深遠なる「はからい」なのです。

「そんなのはイヤだ！　自分の意思で生きたいんだ‼」

あなたはそう思うかもしれません。でも、そうしたとしても結局は、お釈迦さまの手の上で暴れる孫悟空みたいなもの。

神さまはちゃんと私たちが人生を楽しめるよう、いろいろなアトラクションを用意してくれています。そして、最後は必ず幸せになるように仕組んでくれているのです。

だから、人生で出合う「あんなこと」や「こんなこと」も、やりきるしかないし、受けとめて進めばいいんです。

そして、そこを通りすぎれば、あなたはちゃんと**レベルアップ**しています。

「こう見えて、うまくいっていないように見えて、実はすでにうまくいっている。これまでも、これからも」なのです。

「神さまのはからい」が「もう少しわかりやすかったら、いいのに」と思うことも、あります。神さまだけに、なかなか高度な布石で、不幸にしか見えなかったりしますからね。

ということで、「神さまの布石」とは、言い換えると「神のみぞ知る」。

だから、もがいてもどうにもならないことは、「ああそうですか」と受け容れていくしかありません。

もちろん、受け容れたくないものも、あるでしょう。

「こんなの、大変なことになるはずだから、気持ち悪いし」と。

でも、結果は必ずハッピーエンド。そのエンドは、神のみぞ知る。

さあ、神のみぞ知る《カミノミゾシル》、神・の・味・噌・汁をたっぷり味わっていただきましょう。

心屋　仁之助

もくじ

1章

あなたも私も「凸《でこ》」と「凹《ぼこ》」でうまくいく

……「できないこと」が「与えること」につながる不思議

2章

「大人になる」って、こういうこと

……もっとゲスく、エグく生きてみる

3章

何でそんなに「重荷」を背負うの？

……そのムダな苦労を、「終わらせる」

4章

「言葉に出せる」人は、強い

……隠さない、ごまかさない、ぬりかためない

5章

「私は自信がある」と決めてしまう

……それだけで、なんか知らんけど「流れ」がよくなる!

編集協力◎中川賀央

1章

あなたも私も「凸《でこ》」と「凹《ぼこ》」でうまくいく

……「できないこと」が
「与えること」につながる不思議

1 「自分にはない感覚」を持っている人

僕は、今までのカウンセリングや問題解決の経験から、人間には大きく分けて「二つの人種」がいるのではないかと気づきました。

一つは、「空気が読めて、理解力もあり、理論的。表現力もあって、多くのことを同時にこなせ、処理能力も高い」タイプ。彼らは努力しなくても、比較的マルチに、複数の仕事を同時にこなせるタイプです。

もう一つは、「天然で癒し系、表現がストレートで、何でも素直に受け取る(真《ま》に受ける)」タイプ。彼らは多くのことはこなせないが、何か一点に集中できるタイプです。

そして、この「二つの人種」の決定的な「違い」が、人間関係で「誤解」や「行き違い」「問題」をつくっているのではないか、と気づいたのです。

この二つのタイプについて、それぞれの特徴をブログなどで説明し始めたところ、

「私って、どっち？」

「そうそう、わかる〜！」

など、ものすごくたくさんの反響があって盛り上がったのです。

それぞれのタイプに名前をつけていなかったため、「前者の特徴は……後者は……」と表現しているうちに、「前者」「後者」というのが、そのまま呼び名になりました。

この**「前者・後者論」**、そもそもの始まりは、どちらかというと前者である僕（心屋）が、後者である「天然の人」（うちの奥さん）との〝話の噛み合わなさ〟を解明しようとしたことにあります。

他にも、

「いくら説明しても話が通じない」

「ストレートな表現しか通じない」

「すぐパニックになる」

などなど、「自分にはない感覚」を持つ人々との会話に、以前から戸惑いを感じていたこともあり、改めて考えてみたのです。

「有能タイプ」と「天然タイプ」

自分が「前者」か「後者」かを判断する基準は、たった一つ。それは、

「怒られたり、失敗したり、あせったりしたときに、すぐパニック（頭がまっ白）になってしまうかどうか」

です。これ、別の表現にすると、

- 難しい話をされたり、まくしたてられたりすると、心の中にシャッターが下りてしまう
- 思考がすぐにどこかに飛んでいってしまう（時間が飛ぶ）
- 説明を受けたり怒られたりしている最中、うわの空になって他のことを考えてしまう

これらの質問に一つでも「イエス」があれば、後者。すべて「ノー」ならば前者です。まずは、それだけ。

前者は、難しい話や興味のない話を聞いているとき、そして怒られているとき、相手の言うことが「理解」はできなくても、頭はずっと動いています。そして「つまらないから聞きたくない」と思えば、自分でシャッターを下ろすこともできます。

でも、後者は、自分の意思とは関係なく、心と頭が勝手にシャットダウンして

しまうのです。

前者の方には信じられないと思うのですが、後者は頭が「まっ白」になるらしいのです。驚きです（その他にも、ホワイトアウト、シャッターが下りる、まっ黒etc.……後者の人たちには、それぞれ固有の表現があるらしい）。

逆に、後者の人には信じられないと思うのですが、前者は、頭がまっ白になったりしないんですよ‼　驚きでしょ？

いつも「いっぱい、いっぱい」な人

仕事などについては、訓練すれば、後者の人たちもそれなりに手際よくこなせるようになります。

つまり、訓練すれば、後者でも「前者っぽく」振る舞うことはできます。

ただ、後者は、マルチに前者並みに仕事をこなそうとしたら、常に二〇〇%の力を要するようです。

本人はそれがあたりまえすぎて気づかないのですが、かなり「がんばって」いないとついていけないから、いつも「いっぱい、いっぱい」の全力疾走になるのです。

気を抜くと後者は「スイッチオフ」になるので、オフにならないよう、常に意識しています。

逆に「前者」は、自らオフにしない限り、起きてから眠るまで、ずっとスイッチがオンのままなのです。

2 「楽しいこと」だけ、やってるかい？

誤解を招きそうな表現ですが、あえて書くと、

前者は、知的で何でもできる大人。
後者は、無邪気な子ども。平和なお花畑にいるような存在です。

なので、前者は「大人として、後者の世話をする役割」があります。そうすることで、前者は本来の自分の才能を発揮する。

一方、後者は「子どもとして、未熟な者として、前者の愛情を受け取る役割」があります。

ただ、「未熟な者として」と書くと、後者は激しく反発します。

それは「何でもできるように、ずっとがんばってきた」から。「できること」が○（正しいこと）で、「できないこと」を最大の×（ダメなこと）として生きてきたので、こういう表現をすると「バカにされた！」となります。

ところが、**前者は後者を助け、後者は前者に助けられて、それぞれの能力を発揮できるようになっている**のです。

できるものは、できる、できないものは、できない。それでいいのです。

逆に、前者は何かに没頭したり、時間を忘れて集中したりすることがなかなかできず、しょっちゅう周囲の出来事に意識を奪われてしまうのです。

愛情を持って後者の世話をすることは、前者に「人の役に立つ」喜びを与えます。誤解を恐れず言えば、人が猫の世話をして幸せになるのと同じ仕組みです。

だから、後者は、

「何もせずに受け取る」

「ただ、希望やわがままを言う」

「前者を働かせてあげる」

のが仕事だといえます。

「え？　私、何の役にも立ってないよ」

と思うくらいで、後者はちょうどいいのです。


後者が「何の役にも立ってないよ」と思うことで、前者は能力が上がります。前者の能力が上がればいろいろなことが進化して、後者にとっても生きやすくなっていくのです。

だから、後者は頼まれてもいないのに、気を回したりしなくていいのです。

「よかれと思ってやったこと」は、あまり喜ばれません。

「楽しいこと」だけ、やっていてください。

そして、前者は「できてしまう人」だから、**「あ、それ、私、得意だから」「何の苦にもならんけど？」**という具合に、せっせと後者のお世話をすればいいのです。

前者には「世話する能力」「助ける能力」「理路整然力」が与えられています。

その力をフルに使って後者を助けてあげてください。

後者が、「タレント、スター」のような天才タイプ。

前者は、「有能なマネージャー」のような秀才タイプ。

そんな表現をしてもいいのかもと思います。

ツッコミだけの漫才も、ボケだけの漫才も、面白くない

前者が与えることは、後者の幸せになる。

後者が受け取ることは、前者の幸せにつながる。

一見すると前者は「損」をしているようだけれど、実は損してはいないんです。
ツッコミだけの漫才って面白くないし、ボケだけの漫才も面白くない。
そして、「笑わせるボケ」も面白いし、「笑われるボケ」も面白い。
「笑われるボケ」は、ただ生きているだけで笑いを取れて、お金がもらえる。
でも、その人が、
「私もツッコミやりたい‼」
とがんばると、面白くなくなり、収入もなくなります。

「前者・後者」の関係も、それと同じです。
後者は、喜ぶのが仕事、受け取るのが仕事。
前者は、後者のために働くのが仕事です。

世の中では「前者になること」を求められますし、そうなるよう教育されます。
「ちゃんと」「早く」「できるように」なれと。

そうなることが素晴らしいと教えられてきました。そうなることに憧れて生きてきました。

でも、後者にとっては、それが一番の苦手分野なので、前者によく怒られます。実に巧みに前者の地雷を踏み、怒られます。また、前者はそんな後者をバカにしたりします。

そんなとき、後者は何を怒られているのかわからず、戸惑いまくります。その様子がまた前者を怒らせたりするのです。

このように、怒らせるのが後者、怒るのが前者ともいえるのです。

ちなみに、僕は「がんばって何とかしようとする」ことを**「前者アプリ」**と呼んでいます。

この「前者アプリ」全開で「ちゃんとできる人」になろうとがんばってきた後者は、「前者アプリ」を使わずに「ありのまま、後者らしく」生きている後者に対して、前者以上に怒りだしたりもするのです。

3
「迷惑をかけ合う」から助け合える

できない人は、できなくてもいい。

その人ができないからこそ、教える人のスキルは上がるし、考え方が変わることもあるし、そのことが既存のものごとの仕組み自体を変えてしまうこともある。

できない人は、**「できないことが、与えることになる」**のです。


「ダメな子」や「できない子」は、できる人に、

「人の役に立つ喜び」

を与えます。そう、生きているだけで、ね。

だから、「何としても、できるようにならないと」とあせる必要なんて、どこ

にもないのです。

自分が、「大変だなぁ」「イヤだなぁ」と思うようなことを人に頼むのは、何となく悪いと思いがちです。

でも、勇気を出して頼んでみたら、相手にとっては何の負担にもならず、それどころかむしろ楽しいことだったりすることも多いのです。

世の中は、人の「得意」と「不得意」、あるいは「好き」と「キライ」が、それぞれうまいこと組み合わさって回るようになっています。

お互いに「相手に必要なもの」を与え合うことで、ようやくうまいこと回りだすのです。

ドラマやアニメのキャラクターを見ていると、「前者・後者」のことがよくわかります。

だいたい、主人公（ヒーロー、ヒロイン）は「後者」です。最初は「前者」が何でもできて優位にいて、天然だったり、できなかったりする後者のことをいじめたり、バカにしたりします。

でも、そんな前者の概念をひっくり返したり、助けたり、優しさで愛に気づかせたりするヒーロー的な役割を担っているのが後者なのです。

さて、あなたはどっちだろう?

「私はヒーローじゃないから、後者じゃないわ」とは考えないでください。「できなくてもいいと認めた後者」がヒーローになるのです。

前者と後者は、それぞれ「役割」が違うだけで、どちらがいいとか、優秀とかいうことではないのです。

「したいこと」をして、「したくないこと」は任せる

「してほしいこと」や「やりたくないこと」「めんどうなこと」があるなら、「こ

んなこと言ったり、頼んだりしたら悪いなぁ」と遠慮なんてせず、どんどん口に出して言ってみよう。

それは、相手にとって「得意」で「苦にならないこと」、あるいは「やりたいこと」かもしれないのだから。

とはいえ、前者だって、いつもいつも後者の世話をする必要はありません。

「したいことはする、イヤなことはしない」というスタンスでＯＫ。

「ごめん、これ、やりたくない」

と言っていいのです。誰も怒らないから。

そして、時々は後者の世話を休んで、後者に優しくしてもらうこと。

それが、前者の「本来の生き方」なのです。

自分の意思をはっきり伝えられていたら、後者の世話をすることに負担を感じなくなります。助けたいとき、助けられるときだけ、やればいいのです。あとは人に甘えていいのです。すると、逆に、後者に大いに助けられます。

後者も前者を頼りながら、**「したいことをして、したくないことは任せる」**というスタンスで生きること。そうすることで、人の「輪」が、「和」ができ上がるのです。

張り合わずに「休む」ことも大事だよ

前者と後者が、お互いに「まったく違う感覚の世界」で生きているのだと深く知ることで、お互いの言動への誤解が解けたり、人間関係のストレスがなくなったりします。

たとえば、後者が何かに集中しているときに前者が話しかけても、「マジで」聞こえていません。前者にはそんなことはありえないので「無視された！」と怒りだしたりします。

また、後者の理解の速度は前者のそれよりもゆっくりしていたり、発想が常識を外れていたりします。すると、それを理解できない前者は「話を聞いてない」「バカにしてる」「何で言うことを聞かないんだ」と、やはり怒ったりするのです。

でも、後者はまったく悪意がないので、なぜ怒られているかわからず、とまどい、返答できずに、また前者を怒らせてしまう――。

前者と後者がお互いの世界を知ることで、こうした人間関係のストレスが減るのです。

後者はときに、前者の常識の枠を壊すような能力を発揮したり、前者を癒したりすることがあります。

後者は、そんな「スポットタイプ」。前者は、いわば「マルチタイプ」です。

ですから、お互いに助け合っていけば、世の中はもっと優しくなれるはずです。

前者だって、ときには誰かから助けてもらい、与えられる。

後者も、もちろん誰かを助け、与えることができます。

そして、前者は「自分よりできる人」が現われたときには、張り合わずに、任せてしまえばいいのです。**「後者っぽく」生きていい**のです。

僕（心屋）は「前者」です。で、そもそも前者だったのが「もっとできるように」と、さらに「前者アプリ」を稼働させて必死にがんばって生きてきました。でも、それをやめて「後者っぽく」生きることにしたら、たくさんの人が助けてくれたのです。

前者である心屋から見ると、後者の人たちは「今まで、よくがんばったね」と思うぐらい、「ちゃんとしなくちゃ」と思いながら全力で生きてきたみたいです。でも、そんな人たちも「ちゃんとしなくちゃ」をやめたときから、前者の大きなサポートを受けて、ラクに生きられるようになるみたいですよ。

4

「努力し続けないとダメだ地獄」から抜けだそう

世の中は、「前者」になること、つまり「空気」を読んで、何でもソツなく、マルチにこなしていくことを人に求めます。

前者にとっての「空気を読む」とは、「その場の多数に従う」ことです。

でも、後者にとってのそれは「目の前の人の機嫌をうかがう」こと。怒っているか、そうでないかを気にすることが、「空気を読む」だと思っています。

そして、「マルチにこなせない人たち」、つまり後者は、

「もっと早くしろ」

「何で、これくらいのことができないんだ」

「ちゃんとしろ」

と言われてしまいます。

でも、後者は、すぐに頭がまっ白になるので、いくら噛んでふくめるように言われても、責められても、耳には届きません。

どんなにありがたいお説教をしてもらっていても、懇切丁寧に説明されていても、「早く終わらないかなぁ」ぐらいにしか思っていません（笑）。

だから、何でもソツなくこなせる人（前者）が、そうではない人（後者）に、延々と説明したり、怒ったりしても不毛なのです。

よかれと思って前者が多くの「たとえ話」を交えながら説明しても、後者は余計に混乱します。前者がいろいろな表現を使ってボールを投げても、後者は〝直球〟、つまりストレートな表現しか受け取れません。

〝遠回しに〟〝気づけよ〟〝察しろよ〟は、後者には通用しないのです。

「何で、ちゃんとできないの？」と言われても、自分ではちゃんとしているつもりなのです。

ただ、能力の方向が違うから、「前者にとっては、ふつうのこと」が後者はできないのです。前者になろうと憧れて、〝がんばって〟も、苦しいのです。

逆に何でもソツなくこなせる人は、ときに「突出した才能を持った、努力しなくてもすごい結果を出してしまう天然系の人」に憧れて、自分もそうなりたいと目指したりします。

でも、いくら努力してもそうなれずに、心が折れてしまったりします。目指してはいけない、目指してもできない方向に向かって、自分を追い詰めてしまうことになるからです。

だから、「前者・後者」の特徴、生き方をよく知って、**「自分らしく生きる」**ことが必要なのです。

そこをカン違いしていたり、知らなかったりすると「自分らしさ」から離れてしまって、うまくいかないのです。

努力しないで「自分らしく生きる」

こういう話をすると、

「人間を二つのタイプに分けるなんて乱暴だ」

「どっちもあるんだ」

と言う人もたくさんいました。そして、そういうことを言うのは、たいてい「後者」です。


でも、僕が人間を大きく二つのタイプに分けるのは、話をわかりやすくするための「手段」にすぎません。

「目的」は、あくまで「誰もが自分らしく生きられるようになる」こと。


「自分の素質、ベースは何か」

を知らずに、自分らしくは生きられない。

だから、まずは自分の特性を「知りましょう」ということです。

ただ、こう書いていくと「自分はどちらかわからない」という人もいっぱい出てきます。

でも実は、**「どちらかわからないと悩む人は後者」という判断基準**もあるのです。前者の人は、ここまで読めば、もうこの「前者・後者」の仕組みは理解していますから。

「自分の傾向」を自覚した人は、できることは楽しくやり、できないことは人に頼り、他人の評価を気にせずに自由に生きているので、いろいろなことがうまくいくのです。

「自分らしく生きる」とは「努力せずに、できることだけをして生きる」ということです。

「できることは、できる。できないことは、できない」

そんなあたりまえのことに気づかないと、「もっともっと」と言いながら、「努力し続けないと落ちてしまう地獄」の淵を、さまよい歩くことになります。

「今の自分で、この自分でいいんだ、他の誰かになろうとがんばらなくていいんだ。できることだけをやって、できないことは人に頼ればいいんだ」

と自分のいいところとダメなところを「全肯定」して生きていけばいいのです。

何でも手際よく、ダンドリよくこなせる人が無理して「癒し系」になる必要もないし、〝天然なところ〟が魅力の人が「人並み」を目指す必要もない。

「必要ない」というより、そうなろうとしても無理だから。

そんなことはしないで、「やりたいこと」「好きなこと」をして、楽しんで生きる。ダメなところ、できないことは、ほっておく。

その「勇気」と「覚悟」が必要です。

他人になんて言われようと、ね。

5 「ぬぼーっとする」のも、立派な仕事

結局、大切なのは、**「がんばらない」**ことです。
「できる」ということに、こだわらないことです。

「できる」
「すごい」
「役立つ」
「うまくいく」

ここにこだわると、私たちは道に迷い、自分を見失ってしまいます。

天然系（後者）の人が「がんばる教」に入信したときから、不幸は始まります。

ソツなくできる人たちは「がんばっている」のではなく、「ふつう」にやっているだけ。

なのに、それを見た天然系の人たちが、「ソツなくできる人たちは、がんばっている」のだと思い込んで、自分も「がんばらねば」と勝手に言いだしているだけなのです。

でも、**天然系の人たちは「ぬぼーっとする」のが仕事**なのです。それが人を癒すのだから。それが人に「誰かを助ける」という役目を与えているのだから。

「がんばって生きてきた天然系の人たち」には申し訳ないのですが、それはそれで自分を評価しつつ、早く「できない自分」を認めてしまってください。

「できない人で、いいんだ」

「役立たずで、いいんだ」

「それでもちゃんと愛されているんだ」

と開き直ってはじめて、親や他人の「軸」から抜けだし、自分軸の、自分の人生が始まるのです。

「役に立つ」から離れていい。

そうなったあなたには、想像以上にすごい存在価値があるから。

「申し訳ない」ではなく、**「ありがたいなぁ」と思ってまわりから助けられていればいい**のです。

「ダメねぇラベル」をベリッとはがす

さて、大人からすれば、子どもはみんな「自由な天然系」に見えます。

天然系というよりも「未熟者」ですよね。

そんなこと「あったりまえ」です。でも、子どもは、

「あんたは、こんなこともできない」

「まだまだだね」

なんて言われて、

「がんばらなくては」

「できるようにならなければ」

という「呪《のろ》い」にかかってしまうのです。

でも、どんなにがんばっても、できないわけです。理由は「まだ子どもだから」。それだけ。

でも、がんばるしかなくて、でも、できなくて、またがんばって……。でも、できなくて……。だから自信をなくしてしまう。

それで、いつしかオーバーヒートして、鬱《うつ》やパニックになるわけです。

一方、そもそも「何でもソツなくできる子」も、当然います。それでも、まだ子どもなので、大人から見れば、「まだまだ、ダメね」となるわけです。

そのまま順調に大きくなれば、立派に何でもこなせるようになるのに、

「ダメねぇラベル」

を貼られたせいで、無理してさらにがんばってしまう。

そして、親は子どもがいくつになろうが、いつまでも親なので、「ダメねぇ」とえらそうに言うわけです。

そして、前者の人たちは「さらに前者」を目指してがんばりすぎ、鬱やパニックになってしまうわけです。

「本当はすごい」自分を隠さない

中には、そんな自分を無意識に守ろうとして、

「なんちゃって後者」

「後者ぶりっこ」

をする人も出てきます。

本当はできるのに、「能ある鷹《たか》が爪を隠す」のです。

それで、爪を隠したまま生きていたら、いつの間にか爪の出し方を忘れてし

まって、

「私、ダメなんです」

「そんなに、すごくないです」

と、本当は前者なのに、無意識のうちに後者ぶってしまうわけです。本当は、すごいのに。

この「後者もどき」や「後者ぶりっこ」をしている前者は、「本来の自分」を隠して生きているので、悩み、道に迷うのです。

その「呪い」から早く抜けだそう

僕たちは、「できる」「役に立つ」ことが素晴らしいという呪いから、早く抜けださないといけません。

「何の役に立っていなくても、自分は素晴らしい」

そういう「前提」だけ持っていればいいのです。

「目標」を捨てて「流れ」に身を任せ、自分を自分らしく生きる。

僕は、そんな生き方をしている人たちを、

「スーパー前者」

「スーパー後者」

と呼んでいます。

「スーパー」とは、決して「できる人」という意味ではありません。

それは、「できない自分を受け容れ」「それを劣等感にせず」「ん？　できないよ。やってくれる？」とあっけらかんとしている人のことです。

「自分のできること」だけに集中している人を、心屋は「スーパー前者」「スーパー後者」と呼ぶことにしたのです。

つまり、「やらなきゃ」とか「やるべき」とか、罪悪感や劣等感の少ない人たちのことですね。

6 その「わがまま」が相手への"いい刺激"になる

ということで、もっと簡単に言うと、
しっかり者の前者は、「犬」タイプ。
天然系の後者は、「猫」タイプ。

猫は、「お手」をしなくても、ゴロゴロしているだけで、ご飯をもらえます。無理して犬にならなくていいのです。

犬も、猫みたいにじっとしていなくて、いいのです。好きなだけ走り回ればいいのです。

「それぞれが、それぞれでいい」のです。

その上で、前者は後者の役に立ち、後者は前者に感謝していればいい。

できるもんは、できる。
できないもんは、できない。
好きなもんは、好き。
キライなもんは、キライ。

それで、いいのです。
こう思えたら、それが「自分を認めた」瞬間です。

「船頭さん」は船頭らしく、「乗客さん」は乗客らしく

別のたとえをするなら、前者は「船頭さん」で、後者は「乗客さん」です。
乗客さんは、一緒に舟を漕《こ》ごうとしないで、ゆったり乗っていてください。

「船頭さんが働いてるのに、ゆったりしていると悪い」

とか言って漕ぎだすと、舟がまっすぐ進まないのです。

乗客さんには、ゆったり笑顔で乗っていてもらうのが、船頭さんは一番うれしい。

「舟を漕いでみたい人には、おもちゃのオールを貸しますので、それで遊んでいてくれたらいいです」という感じと思ってください。

後者は「ゆったり、楽しんで、受け取る」、それが仕事です。


そんな後者も、ときには、「好奇心」から、とてつもない能力を発揮することがあります。

「あれをしてみたい」

「あれ、何?」

「何で、そんなことしてるの?」

「何で、こうしないの?」

「これ、面白そう」

「これ、ヤダ」

という後者の「好奇心」「好き」「キライ」によって、船頭さんが新しい名所を見つけたり、新しい航路を発見したり、今まで気づかなかった不具合に気づいたりするのです。

こうして、船頭（前者）の新しい世界が広がっていくのです。


だから、後者、頼むから動くな（笑）。

遊んで、わがまま言ってってくれ。

それが君たちに与えられた能力なのだから。

たとえ前者に怒られても。

7 もうちょっとだけ、世の中を信じてみよう

今、僕たちが生きている世の中は、何でもソツなくこなせる人たち（前者）が目標を立て計画をつくり、予定どおりにちゃんといくような「仕組み」をつくっています。

だから、当然ながら、風に吹かれて生きているような天然系の人たち（後者）は、生きづらさを感じるわけです。

前者は後者のことを「おかしい」と言い、そう言われ続けた後者は「自分はダメだ」と思ってしまうか、「何でそんなことで怒るの?」と思ってしまう。

そして後者は「自分はダメだ」が人生の「大前提」になってしまって、それを

疑うこともない。

だから、僕がいくら「がんばるな」と言っても、まったく耳に入らないわけです。それは、「がんばらなければ生きていけない」と思ってここまできたから。

「ちゃんとしなくちゃ」と思って必死に生きてきた天然系で癒し系の後者は、有能でキレ者の優しい前者が、

「何もしなくていいよ」

と言っても、「がんばる教」に染まっているので、

「私が役に立たないから、そういうことを言うんだ」

と、「優しさ」を「責め」に変換してしまう。

「がんばらなくていいよ」という言葉さえも、「無能であるという烙印《らくいん》」を押されているように感じられて、まったく受け取れないわけです。

もし後者のつくった世の中なら、きっと何でもすばやくテキパキこなせる人たちは、

「落ち着きがなくて、いろいろやりすぎ」

「問題つくりすぎ」

「作業が丁寧すぎ」

「ムダな作業が多い」

とか言われて責められていたかも（笑）。

みんな、ここまでよく生きてきた！

僕がずっと言ってきた「がんばらなくていい」とは、

「大丈夫だよ」

「あなたは『助けられる』のにふさわしい人だよ」

「助けてくれる人が現われるよ」

ということでもあります。もっと人を信用していいよ、ということです。


「私、そんなにがんばってない」

と言う人はたくさんいるけど、やっぱりね、みんな、がんばってきたんだよ。

だから、たまにはそんな自分のことを「過保護」にしてやってほしい。


「ちゃんと」

「気が利く」

「がんばる」

「思いやる」

「おもてなしする」

「空気を読む」

「察する」

ということが基準の世の中で、よくここまで生きてきた。

よくがんばってきた。
お疲れさま！
そんなふうに、自分を褒めてあげてください。

さて、後者の人、ちょっと深呼吸してごらん。
そんなに構えなくていいから。
今までは構えないと生きてこられなかった。それはわかる。
これからもそんなに甘くないし、「前者の世界」は続くだろう。

でもな、もうちょっとだけ世の中、信じてみよう。
前者の中にも、優しい人、いっぱいいるから。
そして前者も、もっと肩の力を抜いて、ゆるっと生きてみませんか？
後者も頼りになるんだよ。すごいんだよ。

2
章

「大人になる」って、こういうこと

……もっとゲスく、エグく生きてみる

1 「悪意のある人」と「悪意のない人」

「大人になる」というと、今までできなかったことができるようになる、あるいは知識を得ていくことだというのが世間の考え方だと思います。

でも、どうやらこれからの「大人になる」とは、そういう「足し算」の話ではないらしいということに僕は気づいたのです。

それは、「悪意のある人」と「悪意のない人」のことを考えていたときのことでした。

たとえば、誰かが自分と目を合わせてくれなかったとき、「悪意のある人」は、頭の中で、ろくでもないことを思います。

「あ、私のことを嫌ってるんだわ」

「私が何か気にさわること、したのかな⁉」

頭の中の〝ろくでもないこと〟は、だんだんとふくらんでいきます。

これが「悪意のない人」だったら、自分と目が合わなかったら、ただ「自分と目が合わなかった」でおしまいです。

でも、「悪意のある人」は、そこから妄想をフル回転させていきます。

目が合わなかった人への悪意がふくらんでいき、最後は悪意で感情が爆発して、「ああっ！　もう‼」と叫ぶのです。

「マニアックな話」をして喜ぶ人に共通すること

僕を含めた三人が話をしているとしましょう。

僕がこの三人の中で、「悪意のある人」だとします。

「悪意のある人」は、人に意地悪をするし、嫌味も言います。本人に直接言うのはイヤだから、遠回しに「気づけよ」という感じで嫌味を言います。

三人の中に、僕の他にもう一人、「悪意のある人」がいたとします。

その人と僕は、自分たちにしかわからない話で盛り上がります。「悪意のある人」同士は話が通じるのです。

一方、三人目の人物は、「悪意のない人」です。その人には、悪意のある二人が何を言っているのか、よくわかりません。

悪意のある二人は、難しい話やマニアックな話が好きです。とくにその二人がともに「前者」だったら、「言葉遊び」「変化球の投げ合い」を楽しみます。そういう話をすることで、「自分たちって、こんなこと知っているんだよね～」と自尊心を満たし合おうとします。

「悪意のない人」「後者」は、まるで「親戚の大人が会話しているのを、ずっと見ている子ども」という状態です。

ただ、「わからないなぁ、何言ってんのかな」と思いながら聞いていて、何か一つ引っかかる単語があったら、「ああ、私、それ知ってる！　知ってる！」と会話に入っていきます。

「会話のボール」にカーブやシュートを利かせてしまう人

先の僕を含めた三人の会話で言えば、二人の「悪意のある人」は「チーム大人」ともいえます。

「チーム大人」の会話に、悪意のない人が入ろうとしても、入れません。

これがキャッチボールだとすると、「チーム大人」はカーブやシュート、フォークを投げたりして、悪意のない人にボールを取らせません。悪意のない人がこっちにボールが来るかなと思ったら、キュッと曲がって、もう一人の方に行ってしまう。

すると、「なんか、今、球が曲がった‼」と悪意のない人は驚きます。

こうしてずっと、悪意のある二人だけでのキャッチボールが続くのです。

なぜ、こんな意地悪をするのかといえば、「悪意のない人」は無邪気に「チーム大人」の地雷を踏んでいるからです。

だから悪意のある「チーム大人」はイラッとしますが、それを悪意のない人に直接は伝えません。

代わりに薄気味の悪い笑みを浮かべながら、陰で悪口を言い始めます。

超最低だと思いませんか？

2 「地雷」を踏ませているのは誰か

先の「チーム大人」は、どうしてこんな意地悪な人になってしまったのでしょう。

彼らは **「早く大人になりたかった人」** です。

早く大人になって、大人の会話についていけるようになったり、気が利くようになったりして、大人に喜んでほしいと思っていました。

子どものままでいると、足手まといになるからです。

だから、空気を読み、大人が求めていることを察知できる人間になりたかったのです。そうして、直接的な表現をしないように、「察する」「先読みする」「その場の空気を読む」ことに長けていきます。

「意地悪したくなっちゃう」とき

一方で、「早く大人になりたかった人」は、実は心の中では、子どもに憧れています。

「本当は、あんなふうに無邪気にしていたい。でも、あんなふうにしてはいけない」

そう思って、心をギュッと押さえつけてきました。

だから、平気で地雷を踏んだり、行動が遅かったり、気が利かなかったり、嫌味が通じなかったりする「悪意のない人」（大人になれなかった人）を見ると、かなりイラッとするわけですね。

「あんなふうに、できたらいいよね。あんたはいいよね。仕事もせんと、ぼーっとしててね。ありがとうだけ言ってね。で、一番いいとこ持っていくんでしょ」

と思ってしまうわけです。

だから**「大人になりたかった人」は、意地悪なようで、実際はとても悲しい存在**なのです。

「この人たちは、私のことを裏切るんじゃないか」

「この人たちは、私のことをバカにするんじゃないか」

そんなふうに、世の中をずっと見張っています。

すねてしまっているんですね。

3 耳の中の翻訳機、壊れてませんか？

「悪意のある人」とは、大人になろうと努力をしてきて、一方で子どもであることに憧れる、「中途半端な悲しい人たち」です。

この人たちは、いつも頭の中で「悪いこと」をいっぱい想像しています。

「きっと、あの人は、私のことをバカにしているのよ」
「あいさつしたのに、目も合わせない。あの人、私のことがキライなのね」
「メールの返事がこない！　あの人、私のことをバカにしているのよ」
といった具合です。

もし、これがあなたに当てはまるようなら、「あの人」という主語を、「私」に入れ替えてみてください。

「あの人、私のことがキライなのよ」

これを、

「私、私のことがキライなのよ」

に変えるわけです。

「あの人、私のことをバカにしているのよ」

ならば、

「私、私のことをバカにしているのよ」

ですね。

なぜ「意地悪なこと」を言いたくなってしまう？

では、自分のことをバカにしているとしたら、いったいどこをバカにしているのでしょうか。

ほとんどの人は、明確に「ここ」とあげることができません。

ただ、漫然と、なんとなく、自分で自分のことをバカに（自分にダメ出し）しているのです。

なぜ、いつも頭の中が悪い想像でいっぱいで、自分のことをバカにしてしまうのか。それは、**「前提」**が間違っているからです。

「そもそも自分は、自分のことをどういう人間だと思っているのか？」

これが生きていく上で、あらゆることの「前提」になるわけですが、悪いことを想像しやすい人とは、自分のことを「大したことがない人間」「ダメな人間」「罪人《つみびと》」「嫌われている」と思っています。

そして、何を見ても聞いても、この「大前提」で解釈するから、いつも頭の中が悪い想像でいっぱいになるのです。目の前の現実も、すべてそう見えてしまう。

たとえば、自分のことを「かわいくない」と思っている女性は、誰かに褒められても、それを信じられません。「バカにして！」と怒りだしたりします。

「今日の服、似合っているね」

そう言われても、

「みんなに言っているんでしょう！」

と、返します。

言われたことが、そのままストレートに頭に入らないのです。

人は耳の奥に「翻訳機」がついています。それは、その人が生きる上での「前提」です。この「前提」が現実を翻訳しています。

「自分は大したことがない」という前提で生きている人は、「かわいいね」と言われると、「お世辞です」と翻訳されて頭に声が入ってくるのです。

「かわいいね」と、ただ褒められているだけなのに、

「あれね、絶対、嫌味よ。私なんか、かわいいはずがない。かわいくない私に対

して、『かわいい』って言うなんて、絶対、嫌味」

と、すごい誤訳、迷訳をくりだしてきます。

こんな翻訳機、耳の奥に搭載しておく必要があるのか、という話です。


他にも、ご飯を食べにお店に行って、たまたま席が空いていなかったりすると、

「このお店、私のことをバカにしてる！」

と怒りだす。

お金やプレゼントをもらったとしても、

「でも、これはあなたが喜ぶように使わないとダメなんでしょう」

と言いだす。

ここまでくると、かなりの重症です。

こういう人たちは、「どうせ私はダメ」という「大前提」を変えない限り、どうしようもありません。

4

わがままは、「我」の「まま」

では、「大前提」を変えるために何をすればいいかと言えば、まずは**「わがままになる」**こと。

これまで、「わがままを言わず、分別を持っているのが大人なのだ」と教えられてきたと思います。

でも、その逆でいいのです。

「わがまま」とは、「我」の「まま」ということ。

つまり、「自分らしく生きる」ということです。

これは「大人になりたかった人」だけに限りません。

自分がどんなタイプであったとしても、よく考えてみましょう。

今までどれくらい、「わがまま」に生きてきたか。

「ほとんどわがままを言わずに生きてきた」という人も多いでしょう。

「わがままを言ったらダメよ」と言われてきたし、わがままを言うと、親が困った顔をしていたから。

わがままを言わなかったら「えらいね」と褒められたから。

だからずっと、わがままを引っ込めてきた。

そんな人は、お腹の中に「わがまま」がぎっしり詰まっています。

これからは、そんなぎっしり詰まったわがままを思う存分、出していこう。

それが「本来の自分に戻る」「自分らしく生きる」ことにつながるのだから。

「嫌われる覚悟」を持つ

ただし、「わがまま」を出して、本来の自分らしく生きれば、「イヤなことは何一つ起こらなくなって、いいことしか起こらない」というわけではありません。
わがままに生き始めると、最初は怒られるのです。誰から怒られるかというと、「わがままを抑えている大人たち」からです。

そのときに、「あ、やっぱりダメなんだ」とわがままを引っ込めるのか。
それとも、「怒られても、やります」と進むのか。
道は二つあります。

わがままを通すためには、「覚悟」が必要です。
わがままを言うようになると、まず間違いなく嫌われます。

嫌われたとしても、「私は自分のやりたいことを貫き通します」と言い続けないと、「自分は大したことがない人間」という前提から抜けだせません。

もちろん、わがままを言うのは、人に迷惑をかけるのが目的ではありません。ただ、「自分らしく生きる」ため。それだけです。

まわりから嫌われても、わがままを貫き通す。すると変化が起こります。人から「許される」ようになるのです。

許してくれ、喜んでくれる人がたくさんいたことに、そして「人の優しさ」に、はじめて気づくのです。

5

自由に生きるための「最初の関門」

「あの人は、ああいう人だから仕方ないよね」

「まあ、○○さんだから」

まわりからこう思われるようになると、自由になれます。自分らしく生きられるのです。


でも、人から許してもらえるようになる前に、**「最初の関門」**が待っています。

それは、**「自分がやりたいことをするのを自分に許す」**こと。

自分が叩かれても、嫌われても、何か言われても、誰かが離れていったとしても、自分がやりたいことをする。そのことを自分に許可する。ここを通過しないと、永遠に前に進めません。

今までは「前に行きたいのに、我慢して止まっていた」。

そして、その横を悪意のない人たち（大人になれなかった人たち）が、トコトコと通り越して先に行っていた。だから、ものすごく腹が立っていました。

「何で、あんただけが先に行くのよ」と。

でも、「自分のやりたいこと」をするのを自分に許して、一歩踏みだすと、見えてくる世界が変わります。


ぐっと我慢してその場に止まっているとき、僕たちは息をしていません。だから、苦しい状態が続きます。

でも、一歩でも歩みを進めると、呼吸もラクになり、すべてが順風満帆になって、目の前にどーんと「道」が開けてきます。

そうなったら、どうぞ、その道を堂々と歩いていってください。

「どうせ、私は素晴らしい」

また、**「自分は素晴らしい人間なんだ」と認める**のも許すこと。

あなたは、素晴らしい人間だから、誰かに反対されても、怒られても、嫌われても、人が離れていっても、「そのまま進んでいい」。

この「許し」は、ものすごくパワフルです。

こう書くと、「私は素晴らしい人間だから、何もしなくてもいいってこと？」と言いだす人も当然います。

別にそうしたって構いません。

あなたが、そうしたいなら。

ただ、素晴らしい人間であるあなたが「何もしない」ことが、果たして一番いい（楽しい）ことなのか、という話です。

どうせ素晴らしいのだから、「何もしない」より「好きなこと」に突き進んだ方が楽しくなってきませんか。

僕は結構、ゴロゴロすることが好きな人です。体もグニャグニャで、すぐに寝転びたくなります。

そして、何もしないでゴロゴロするのも楽しいのですが、歌をつくったり、講演したり、旅に出かけたりと「前に進む」ことも楽しいのです。両方やりたい。

うまくいかないことも、もちろんあるけれども。

6 自分を「認めさせよう」としない、安売りもしない

自分を許すとは、自分の「ダメなところ」も「素晴らしいところ」も許すこと。
あなたは非常に素晴らしくて、同時に非常にダメな人です。
むしろ、「ダメで弱いところが素晴らしい」のです。
そこに気づくと、人生が面白くなります。

猫は、「猫らしくしよう。猫になろう」なんて思っていません。
だって猫だから。
それと同じように、あなたは女だから、女になろうとしなくていい。
あなたは男だから、男になろうとしなくていい。

男らしさ、女らしさ、というのも、誰かの幻想です。

「認めさせよう」と思ってがんばらなくていいし、「すごい！」と言われるためにがんばらなくていい。

だって、あなたはそもそも素晴らしいのだから。

必死になって人を喜ばせようとしなくていいし、人の期待に応えようとしなくていい。一生懸命に全部を抱え込んで、人の役に立とうとしなくていいし、ひんしゅくを買ってもいいのです。

媚《こ》びる必要も、自慢する必要も、自分を安売りする必要もない。

「ありのままの自分」になるのは、ひょっとしたら裸で有楽町の街を歩くくらい、恐ろしいことかもしれません。

でも、一度「ありのままの自分」でいることの〝快感〟を知ってしまったら……もうやみつきです。

「格好悪く生きる」と見えてくること

以前の僕は、何かの本を読んだりセミナーに通ったりすれば、シュッと自動的に「一つ上のレベルに行ける」――そんなふうに考えていました。

でも、実際は、どれだけ本を読んで、どれだけセミナーに通っても、そんなに簡単にレベルアップできるわけではなくて、逆に「自分は、まだまだだなぁ」と思ってしまっていました。

それでも、まったくいいのです。

「スマートに成長する」のでなく、もっと泥臭く、ゲスく、汚くいく。たくさん失敗して、ジタバタして、格好悪くて、ダサくて、エグい。それが「大人」の本当の姿なのかもしれない。

だから、**もっと力を抜いて生きればいいんだ**、と思います。

"心のボンデージ"をぬぎすててみる

たとえばガードルをキュッと締めたら、お腹が苦しくなるし、ガードルの上下から肉がにゅーっと出てきます（あ、僕はつけたことないですよ）。

そのにゅーっと出たものを、さらにガムテープを貼ったりして押さえると、肉の行き場所がなくなって、さらに苦しくなる。

だから、ギリギリに締めていた心のボンデージやガードルをすべて外して、だらしない姿になってみよう。

「えへへ」と笑いながら。変態のように。

すると、自分一人でがんばるよりも、「他力に任せよう」という気持ちになってきます。

そう、「自分を許す」とは、「他力で生きる」ということでもあるのです。

他力って、すごいんですよ。僕はずっと知らなかった。一人でやることが素晴らしいと思っていたから。

心のボンデージやガードルを外して、ゆる〜く、だらしなく生きてみよう。

「あなたは大丈夫だから、何も心配しなくてもいい」

ということを、もうそろそろ、信用してもいい。

「もう、がんばるのは、その辺でいいよね」ということです。

あなたは、助けを求めたら助けてもらえる人なんです。

みんな、ホントは優しいんです。

迷惑かけてみよう!

7 ジタバタしなくてもいい

僕は、結構、自己啓発の世界で言われていることと、逆のことを言います。

たとえば、その一つが、**「目標を持たない方がいい」**ということ。


なぜ、目標を持たなくていいのか？

なぜなら、「あなたが幸せになること」は、すでに決まっているからです。それは「グアム旅行に申し込んで、すでにお金まで振り込んであるような状態」と同じだからです。

「グアム旅行に行くことは決まっている」としたら、「どうやってグアムに行こうかな」と考えることに時間を使わないでしょう。あとは淡々とパスポートを取りに行ったり、ドルに換金をしたり、水着を買ったり、「スーツケースに何を詰めるか」ということを考えていればいいわけです。

同じように、あなたが「幸せになること」は決まっているのです。

あなたがすごいことも、神さまが操作して最終的に人生がうまくいくことも、わかっています。

だから、ジタバタしなくていいのです。幸せになろうとしなくていいのです。

「達成」したら幸せになれる「目標」なんて、目指さなくていいのです。

「ワクワク」を伝染させるのが大人の仕事

「人生は甘くないんだ、人生は厳しいんだ」などと言う人がいます。

とくに「大人になりたかった人たち」がよく言います。

でも、「人生はつらい」と口にするのは、「大人の仕事」ではありません。**「人生というのは、とても楽しくて、素晴らしい。あなたも私も、必ず幸せになる」と伝えていくのが、「大人の仕事」。**

楽しいこと、好きなことを優先して、そのワクワク感をたくさんの人に広げていくのが、ステキな「大人の生き方」ではないかなと思うのです。

大人になるとは、成長するとか、何かができるようになる、といった次元の話ではないと思うのです。


自分の子どもを育てていて、あるいは部下や後輩を指導するときに、

「あんたね、そんなことしてたら、えらいことになるよ」

「人生、そんな甘いもんやと思ってたらあかんよ」

「そんな好きなことばっかりやってたらね、最後にしっぺ返し食うんだからね」

……などと、人生を苦しいものとして、大変なこととして教えていないか、よく考えてみてください。

もし、そんなふうに言っていたら、言われた方は苦労や不幸の道を選びます。

「笑って人生を楽しめる道」をわざわざ避けるかもしれません。

「そんなこと言われても、もう私、死ぬほど言っちゃったし」

という人は、

「あ〜、やっぱり人生って、楽しいわ」

と、今からでも言ってあげればいいんです。

そうしたら、あなたもやっとステキな「大人」になれるかもしれませんよ。

3
章

何でそんなに「重荷」を背負うの？

……そのムダな苦労を、
「終わらせる」

1 「心がザワッとすること」が伝えているメッセージ

僕の奥さんは、よくお酒を飲みに行きます。夜中の二時くらいまで飲んで、なかなか帰ってこないことも昔はよくありました。

お酒を飲まない僕がそんな奥さんを家で待っているとき、僕は心が「ザワッ」とします。

実はこの「ザワッ」は、心の中で相手を責めているサイン。

「結婚してんのに、こんなに遅いとは何ごとぞ」

「ふつう、十二時までやろ」

「帰ってこないなら、連絡くらいするやろ」

と相手を「責めて、裁いて、正そう」としているのです。

僕はこういう仕事をしている関係上、「せめて十二時までには帰ってこいよ」なんてことは、なかなか言えません。だから、一応、「心の広いふり」をして待っています。

ちなみに、どうして奥さんがそんな時間まで帰ってこないのかというと、お酒を飲んでいると「楽しくなってしまって、途中で時間を忘れてしまう」のだそうです（奥さんは「後者」です）。

誰かに「帰ろうか」と言われてはじめて、「あ、もう二時！」とびっくりするそうです。

僕は、逆にそのことにびっくりします。

そういうときの僕は、

「あなたね、夜遅くまで帰ってこないのを悪いことだと思いなさいよ」

という空気を出していました。

そこには、奥さんが楽しんでいるのを笑って応援してあげられない「器が小さくてめんどうくさい自分」がいました。

僕のセミナーに来ている女性たちの旦那さんは、器の大きい人が多く、奥さんが遊びに行く際も「どうぞ、どうぞ」と笑顔で送りだしてくれるそうです。

それと比べて、「ああ、僕はなんて小さい人間なんだ」と責めてしまいます。それは、

「奥さんの帰りが遅くても、受けとめるべき。受けとめられない自分は、器が小さいからダメ」

と心の底では思っているから。

これが自分の中にある「罪悪感」です。でも、口に出して言いたくないので、雰囲気だけ出す（笑）。

僕はお酒が飲めないので、そういう楽しい時間を過ごすことができない、という劣等感もあって、また自分自身が、

「結婚しているのだから、パートナーとの時間を最優先する」

と決めていたのに、奥さんがそうではないので、余計にイライラしてもいたわけです。

そのことに気づいてから、僕ももう自由に、我慢せず遊ぶことにしたのです。

泊まりに出かけたり、旅に出かけたりと、「罪悪感」を自らが捨てて、自由に遊びに行く。

すると、奥さんの帰りが遅くなっても気にならず、責めたり、責める空気を出したりすることもなくなりました。

その結果、なんと彼女は飲みに行っても早く帰ってくるようになったのです。

「奥さんに自分の言うことを聞かせる」

のではなく、

「自分の中の罪悪感に気づいて、それを終わらせる」

ことが大事だったのです。

悪感情を「濃縮」しない

また話を戻すと、奥さんは飲みに行くと、毎回、帰りが遅かったのですが、そのうちに「奥さんは飲みに行ったら、必ず夜中の二時に帰宅する」という法則が頭の中で生まれてしまいました。

彼女からすると「たまには、いいじゃないの!」となりますが、こちらは「毎回、夜中の二時に帰ってくる」と思っているので、言い合いになるのです。

だから、本当に「毎回、夜中の二時に帰宅」なのか、調べてみることにしました(おい・笑)。

すると、それはなんと「一カ月に一回」くらいだったのです。

それで、

「あ、本当に『たまに』だった。じゃあ、いいや。もう責めるのはやめた」

と思って、責めることをやめました。

人を責めるとき、私たちは、

「あいつは、**いつもそうだ**。ほら、やっぱり」

と**悪い想像をキューッと濃縮**して、自分の都合のいいように相手のことをイメージして決めつけます。

でも、相手を責めようと思った時点で、だいたい自分の中で事実を〝盛っている〟ものです。

だから、ムカッときた感情のまま、相手を責めると恥をかきます。

超格好悪いので、やめておいた方がいいですよ。

2

「言ったらあかん」と思うことをあえて言う

誰にでも、「～しといた方がいいよなぁ」と思うことがあると思います。

「あのお葬式、行っといた方がいいよな」

「この飲み会、行っといた方がいいよな」

「これは、やめといた方がいいよな」

という具合です。これは、

「自分は気乗りしないけど、その方が正解だよなぁ」

と言っているのと同じです。


つまり、「～しといた方がいいよなぁ」が「○」（正しいこと）で、自分がそもそもやろうとしたこと、やりたかったことは「×」(ダメなこと）だとしているわけです。

「本当はしたいこと」に×をつけて、自分の本音を責めているのです。

「大悪口大会」ができる関係を持つ

僕も、社会と関わって生きている以上、ノラ猫みたいには生きられませんし、まだまだ思ったことを全部言うこともできません。

だから、「言いたいけど、言っていないこと」はたくさんあります。

でも、

「これは自分の立場上、言ったらあかんよな」

ということを口に出すのは、怖いけど「超気持ちいい」のです。スッキリするのです。

この、「言ったらあかん」と思っていることを言えた時点が、**自分の本音に「○」をつけた瞬間**です（ただ、それは正しさをふりかざしたり、言いたい放題言ったりすることとは違うので、少し注意が必要です。本音は他人を傷つけないのです）。

だから、家族でも友だちでもいいので、本音を出せるような関係性の人を、ぜひ身近につくってください。

そして、時々「大悪口大会」をする。

そうすると、ものすごく楽しいですよ。自分の中の毒出し、ですね。キレイな水でも、水アカは溜まるのですから。

ただ、

「悪いな、申し訳ないな」

「こうした方がいいよな」

という感情が、「自分の本音へのダメ出し」ではなく「優しさ」からきている場合もあります。

その「境目」は意外とあいまいです。相手のことを思う「優しさ」から出発したはずなのに、いつの間にか「自分の本音に×をつける」だけのものになってしまうこともあるでしょう。

そこは、はっきり白か黒かに分けられないのかなと思っています。

そのくらいのグレーは、残しておいてもいいのかもしれません。

それは全部、「何となく悪いような気がしている」だけ

罪悪感は、「罪悪」ではなく「感」です。

つまり、**「何となく悪いような気がする」**ということ。

たとえば、「タクシーで一万円札を出すのが、悪いような気がする」などです。

もっと罪悪感が強い人は、タクシーに黙って乗っているのが悪いような気がし

て、話したくもないのに、がんばって運転手に話しかけてしまったりします。

こういう人は、コンビニでお会計をするときに、「あ、一万円でごめんなさい」と言ってしまう。ご飯を食べに行ったときに、「残してごめんなさい」と言ってしまう。

もちろん、それは優しさでもあるのですが、気がつけば「ごめんなさい」ばかり言ってしまっている人は、少し考え方を見直した方がいい。


人が一生懸命しゃべっているのだから、ちゃんと聞かないといけない。

誰かとご飯を食べているときに携帯をいじったらダメだ。

つまらない映画でも最後まで見ないといけない。途中で席を立つと悪い。

そういうさまざまな「悪いな」という感情があります。

でも、これらは全部、

「何となく悪い気がする」

というだけのことです。

時間に遅れるのは悪いこと。

結婚式で、古い一万円札を出すのは悪いこと。

お葬式で出すお札は、わざとシワをいれないといけない……。

こういったマナー、礼儀、常識……これらも裏側に優しさがあれば問題ないのですが、罪悪感を持っている人はそうではありません。

「そうしておかないとまずい、怒られる、嫌われる、責められる」

と何かを怖がっているから、こうした行動をとるのです。

3 いっそ、ドカンと開き直ってみる

罪悪感を手放すのに、一番簡単な方法。

それは、**「悪いヤツになる」**ことです。

「時間を守らない」

「騒ぐ」

「好き勝手に生きる」

など、あえて悪いヤツ、つまり**「メチャクチャな人」**をやってみる。

「そんな自分でもいいいや」と思ってみるのです。

とても勇気がいります。「ひどい人」と思われて、嫌われそうですから。

でも、ここにこそ「自分を責めている自分」が隠れていることに気づいてほしいのです。

たとえば、幼い頃から「お母さんの顔色」をずっとうかがってきた人がいるとします。

いつも部屋をキレイにしていたら、お母さんは喜んでくれました。そして、

「あなたは手のかからない子ね」

と褒めてくれるので、この人は一生懸命に片づけをしています。

この人にとっては、「部屋が汚い」ことはダメなこと、「罪」になっています。だから、部屋を散らかしている人を見たら、怒るわけです。

「あんたね、部屋は心の現われなのよ」

などと言ったりします。

でも、部屋が散らかっていることに罪悪感がない人は、そんなことを言われても、一ミリも気にしません。部屋の持ち主である本人は、いくらそのことを人に指摘されても「人に怒られている、責められている」という感覚もありません。

一方、一生懸命に責めているのに、相手が反省しないと、責めている方は気がすまないし、スッキリしません。

そして、下手をすると「もういい、私が片づける！」となります。

でも、片づけている最中に、「じゃあ、片づけといてね」と罪悪感のない人がご飯を食べに行ってしまったら、「超ムカック」のです。

人に「恩」を売りつけない

こういうタイプの人は、

「あ、ごめんね、ありがとう。このご恩は一生忘れないわ」

と言ってもらいたいのです。つまり、相手に罪悪感を感じてほしいのです。そう、「自分と一緒」に。

しかも、会うたびに「ありがとう」と言われないと気がすまないのです。

「あれ、この間、私が部屋を片づけた件、どうなっているのかしら」

と、いつまでも「部屋を片づけてあげたこと」をずるずる引きずります。「人に売った恩」にヒモをつけて、ずるずる引きずって歩いているのです。

一方、罪悪感がない人は、片づけてもらった段階で「ああ、ありがとう」と言って終わりです。もしかしたら、その人は片づけてもらったことさえ、すぐに忘れてしまうかもしれません。

引きずる人は、子育てや結婚生活でも、隙あらば相手を責めようとします。

たとえば、夫婦の価値観の違いや、セックスレスの問題などもそうです。「結婚したら、こうするべき」という自分の中の「正しいこと」をパートナーがしてくれないのはダメだと、相手を責めてしまう。罪悪感を渡そうとする。

罪悪感を持っている人は、「自分のことも他人のことも、責めることが大好き」な人間なのです。

自分一人で罪悪感を抱えていることに耐えられなくて、目の前の人と共有しようとするのです。

4 「ゲスく生きる」と魂がキレイになる

先日、僕が開催している「Ｂｅトレ」（会員制の定期勉強会）で罪悪感をテーマに話そうと思ったときに、何となく、僕はインターネットでおもちゃの「ムチ」を買ってみました。

「五十を過ぎたオッサンが、ムチを持つ……」

想像すると異様な光景ですが、このことに罪の意識を感じていない僕は幸せだなと笑えてきました。

自分の中の罪悪感を外していくとは、自分の中で今まで「悪いこと」「してはダメだ」と思っていたことや、遠慮していたことに、どんどんチャレンジしていくことです。

それを堂々とやっていくと、いわゆる**「ゲスい人」**と言われるようになるかもしれません。

つまり、「悪いヤツ」「メチャクチャなヤツ」です。

そういう人たちには、罪悪感がありません。「罪悪感がない人」とは、「腹が罪悪感で汚れていないキレイな人」のことです。そういう人のところには、「愛情」も「豊かさ」も、どっさりやってきます。


罪悪感を隠し持っている人から見たら、罪の意識を感じずに自由にしている人は、とんでもないマナー違反、常識のない人に見えます。

でも、冷静に考えると、

「どちらの方が、腹が黒いのか」

という話です。

それは罪悪感を隠し持っている人の方でしょう。だって、他の人のことを「ああだ、こうだ」と裁いているわけですから。

ということで、あなたも「ゲスい人」「自由な人」に戻ってください。

自分が「ありえない」「いけない」「間違っている」「よくない」と思っていることをしてください。

これはつまり、

「遠慮せずに好きなことをやる」

「自分で自分を囲ってしまった枠を自分でぶち破る」


ということです。

それからもう一つ、罪悪感を吹き飛ばす方法が、これ。


「本当はやりたくないと思っていることをするのをやめる」

これまでの本でも何回も書いてきて、

「結局、それかい！」

という感じです。

「やっといた方がいいよなぁ」と思いながらやっていることをやめる。

「やめるとマズいよなぁ」と思いながら続けていることをやめる。

これだけで結構です。

「だけ」とは言うものの、ものすごい覚悟は必要です。でも、勇気を持って一歩を踏みだすと、人生は劇的に、驚くほど変わっていきます。

自分の中の〝タブー〟にチャレンジする

僕たちの頭の中には、知らない間にさまざまな「格言」が忍び込んでいます。

この格言が実は曲者《くせもの》です。

たとえば、

「働かざる者食うべからず」

「努力は報われる」

「世の中はそんなに甘くない」

「お金は苦労した代金です」

罪の意識を煽《あお》るこうした言葉を、いくつ持っているかで、人生は変わってきます。


「ご飯を残すと目がつぶれる」

いまだかつて、ご飯を残して目がつぶれた人は見たことがありません。

「食べてすぐ横になると牛になる」

牛っぽい人はたくさんいますが、牛になった人は見たことがありません。

「学校に行かないと、ろくな人間にならない」

「ウソつきは泥棒の始まり」

……私たちの人生には、こうした「格言」がいっぱい入っています。

これらはすべて「あなたも罪悪感を持ちなさいよ」というメッセージなのです。

そして、罪悪感から逃れて自由になると、他人に善意から罪悪感をプレゼントすることもなくなります。

罪悪感から逃れるためには、次の四つのことをしてください。

「ありえないと思っていること」
「いけないと思っていること」
「間違いだと思っていること」
「よくないと思っていること」

この四つをするというのは、言葉を換えると**「タブーにチャレンジする」**ということです。

5

「苦労の売り買い」をやめる

先日、ご飯を食べに行ったとき、隣のカウンターにいたおばあさんたちと、少し話をする機会がありました。

そのおばあさんは八十九歳だと言っていましたが、見た目は六十代と言ってもいいぐらい若く、しっかりしていました。

そこで、

「好きなことだけ、しているんでしょう?」

と聞いてみました。すると、彼女は、

「いやぁ、そんなこともないんですけどねぇ」

と笑っていましたが、連れの男性がすかさず、

「でも、イヤなことは何もしないよね（笑）」

と言っていました。

そのおばあさんは、友だちに囲まれて、とてもイキイキと楽しそうにしていました。

それを見て、僕は、

「やっぱり、好きなことだけをして、イヤなことをやめるって、人を若くするんだな」

と、感じたのです。

でも、そう言うと、

「そんなのはダメだ」

「苦労は買ってでもしろ。そうでないと成長できない」

などと返す人がいます。

そんなふうに思うのは人の勝手なのですが、そういう人は、まわりにもそれを求めることが多い。

かつて、自分もそうだったから、よくわかります。

どんな美容液より効く「若さをつくるコツ」

でも、それって、結構しんどくなるのです。実際、

「好きなことだけするなんて、おかしい。それでは成長しない」

「ちゃんと問題に向き合わないとダメだ」

と思っていた頃の僕は、心の中がどろどろで苦しかった。

がんばってイヤなことや問題に向き合っているのに、ちっともうまくいかない。

だから、平気なふりをしていても、心の中はずっとモヤモヤ、ザワザワ、イライラ……。


それで、うまくいっている人を妬《ねた》むわけです。

「あいつのやり方はおかしい」と。ああ、なんて不幸……。

そして、積み重なった苦労が顔ににじみ出て、どんどん老けていってしまうのです。

僕はそれに気づいてから、苦労を売りものにしたり買ったりするのをやめました。

そうしたら、心身ともに、どんどん若返りました。

サプリのようなものを飲んだり、顔に美容液などを塗りたくったりして「若さをつくる努力」をする必要など、ないということです。

6 「好きなことだけする勇気」を持つ

僕はいつも、

「好きなことだけしよう」

「イヤなことはやめよう」

と言っています。

ただ、それは「そうすれば必ず成功する」ということではありません。

あくまで、**「自分らしく生きられる」**ということ。

もちろん、自分らしく生きれば、うまくいく確率は当然上がるし、そうなると経済的な成功や愛情といった「条件」に関係なく、「幸せ度」は上がっていきます。

でも、昔の僕は、自分に自信がなくて、「好きなことだけして、ラクしていたら、絶対にダメになる」と思っていたから、**「問題に向き合ってがんばる」という道に逃げる**しかなかった。

逃げていたということは、そっちの方がラクだということ。

好きなことだけする勇気がないから、うだうだ言っていたわけです。好きなことだけして生きるのって、とても怖いんです。他人の目が。

つまり、「問題に向き合ってがんばる」方が、世間では認められるし、言い訳もできるから、そっちの方が「逃げ」だったりするのです。

「やりたいことをやる」と決めた人の強さ

やりたいことをやって、イヤなことをやめていくと、どんどん人生がうまくい

くようになります。でも、

「好きなことだけして、生きていく」

というのは、実はそう簡単にできることではありません。

これは、

「できるものなら、やってみろ」

というくらい、勇気のいること。

それができないから、多くの人は、

「とりあえず、苦労でもしとくか」

となる。苦労が免罪符になるのです。


だからこそ、「やりたいことをやる」と決めて実行できる人は、

「好きなことをして生きている人たちばかりの、自由で豊かな新しい世界」

に行けるのです。

たまには、ゲテモノ料理でもいい

そして、「好きなことだけして生きよう」とは言っていますが、**「たまにはイヤなことに飛び込んでみるのも面白い」**ことをつけ加えておきます。

ただし、

「イヤなことにも、向き合わなければならない！」

と怖い顔をして挑むのではなく、

「たまには、ちょっと、ゲテモノ料理にもチャレンジしてみようかな」

くらいの気持ちがいいのです。

僕が最近したチャレンジは、「ポッドキャスト（インターネットラジオ）」でした。

僕は電話がキライで、留守電にメッセージを残すのも避けたい人間です。
だから、ポッドキャストのような仕事も「ないわー」と思っていたのですが、
断りきれなくて、やってみることにしました。
そうしたら、これが予想外にメチャクチャ面白かったのです！

こんなステキな偶然も、ときにはあります。

だから、

「好きなことだけして、生きていこう」

を基本として、

「でも、時々は、〝ないわー〟と思うことに飛び込む遊びもしてみよう」

と思っておくのが、いいのではないでしょうか。

7 「自分は、どうしたいか」の答えは、自分の中にある

結局、大切なのは、「踏みだす勇気」です。

いろいろなことを頭でわかっているつもりでも、実際は体験してみないとわからない。決心してみないとわからない。

基本、人は行動しようとしなくても、変わります。

心で「思う」だけで、変わります。

「思う」と、勝手に思ったとおりに行動してしまうのです。

だから「決心する」というのは、本当は怖いことなんですよ。心で決めるだけなのに、怖い。

それは、決心すると、何かを捨てなければいけないとわかっているから。

そう、「決・断（決めて、断つ）」です。


「会社を辞めたら、職場の人に迷惑かけそう」

かけるに決まってるやん！


「こんなこと言ったら、嫌われるかも」

嫌われるに決まってるやん！


「あんなことしたら、失敗しそう、怒られそう」

失敗するに決まってるねん。

怒られるに決まってるねん。

それが、「損してもいい」ということ

大事なのは、

「それでも、自分はどうしたいのか」

ということです。勇気を出してやってみたのに、あんなこと言われた、こんなことされた、こんなことになっちゃった……。

そんな状況になるかもしれない。それでも、自分はどうしたいのか。

そう言うと、

「自分がどうしたいのか、わからないんです」

と答える人が多い。

でも、「どうしたいのか」は、本当は自分でわかっているはず。

わかっているからこそ、怖くて動けないだけなのです。

やったらダメだと「思って」いるから、自分の本心に気づかないようにフタをしているだけ。

これが、

「答えは、自分の中にある」

ということ。

だから、あせらなくても大丈夫。

最後は、そんなイヤな思いをするとわかっていても、自分がやりたいことや好きなことの方に進むから。

それが、

「損してもいい」

「失ってもいい」

と思ったときなんです。

「好きなことだけして生きる」のは怖い。不安がある。

これらは、見えない未来を「気にしているだけ」です。

つまり、怖い「気」でいるだけということ。不安も恐怖も、「気のせい」「過去のせい」です。

もちろん、この「気」が当たることもあるでしょう。

でも、当たろうが当たるまいが、イヤなことは起きるものです。

心配してもしなくても、怒られるときは怒られるし、嫌われるときは嫌われる。

だから、自分が今、何を怖がって気にしているのかを知って、開き直って、そこに突っ込んでいってみよう。

嫌われる覚悟で。損する覚悟で。

そこから、人生は変わっていくのです。

そして、「動く勇気」とは逆に、「動かず見守る勇気」が必要になることもありますよ。

8 「世間的にどうか」なんて、気にしない

自分に自信のない人は、「いいと言われていること」や「正しいとされていること」ばかりを求める傾向があります。

逆に「自分のしたいこと」や「自分が本当に望んでいること」は、我慢してしまいます。

これは「体にいいから」という理由で、せっせと野菜ばかりを食べて、本当は大好きな肉を口にするのを我慢しているようなもの。欲求不満が溜まります。

するとある日、「肉を食べないと体によくないらしいぞ」という新説が出てくるのです。そして、

「えっ⁉　せっかく肉を我慢していた今までのがんばりは何だったの？」

と愕然《がくぜん》としてしまいます。

先日テレビを見ていたら、百歳を超えたおじいさんが、「毎日、肉しか食べていない」と言っていました。

こんなふうに「世間で正しいと言われていること」が、自分にとっていつも正しいとは限らないのです。

だから、「世間的にどうこう」よりも、自分が「こうしたい」という気持ちに注意を払って、もっともっと大事にしてください。

合い言葉は「エロく、あくどく、汚らしく」

世の中には「清く、正しく、美しく」生きようと思って、結果的に苦しんでいる人が意外といます。

「自分を大事にする」ためには、ある程度、何かを捨てなければなりません。

義理や人情、世間のしがらみなどです。

それを捨てられない人は、「そんなことをしたら、人を傷つけてしまう、自分が嫌われることになる」と思っています。

でも、結局それで苦しい思いが続くなら、自分を大事にした方がいい。

一度、「清く、正しく、美しく」という思いを捨ててみよう。

そして、たとえば**「エロく、あくどく、汚らしく」**生きてみる。

僕はすでにそう思って、結構、楽しく生きています。人がどんどん優しくなりますよ。

9 お金は「がんばった対価」ではない

この話も、なかなか理解してもらえないのですが、罪悪感は「もらえるお金の額」の問題にも発展していきます。

自分がもらえるお金というのは、

「自分が働いた対価」

「自分が役に立った対価」

「自分が人を喜ばせた対価」

だと、世間では言われていますが、それだけではありません。

それをわかっていないと、

「常にがんばって、人の役に立って、労働し続けないと、お金をもらえない」

という地獄に陥ります。

この「対価」という考え方がある限り、人は休むことができません。働いたり、誰かの役に立ったり、人を喜ばせたりできなくなったら、お金が入ってこなくなるわけですから。

だから、寝る時間を削ったりしてまでも、働き続ける人が多いのではないでしょうか。僕も以前はそうでした。

そして、そのせいで体をこわして入院したりしてしまったら、今度は、「私は何の役にも立っていないのに、入院費を出してもらっている」という罪悪感と戦い続けることになるのです。

こういう人は、十万円分の仕事をしなければ十万円をもらえない、百万円が欲しかったら、百万円分の仕事をしなくてはいけないと考えます。

昔は僕も、人を喜ばせていくら、人の役に立っていくら、という考えでお金をもらっていました。

だから、そのお金に見合う分だけ役に立っていないなと思ってしまったときには、罪悪感でいっぱいになり、もらうお金を安くしようとしていたのです。

でも、ある日、それは違うと気づいたのです。

自分もお金も喜ぶ「気持ちの持ち方」

たとえば、ある仕事をして、自分では三万円くらいの働きかなと思っていたのに、相手が「百万円、払います」と言ってきたらどうでしょう。

冷静に聞いたら、「超いい話」です（笑）。

そんなときは、

「百万円！　おお、ありがとうございます！」

と、素直にもらえばいいと思います。

でも、罪悪感のある人たちは、

「百万円をもらったら、差額の九十七万円分、この人の役に立たなければ」

と思ってしまいます。

でも、九十七万円分を働ける自信も能力も、自分の中にはありません。

だから、「あ、そんなに受け取れませんから、三万円でいいです」と言ってしまいます。

つまり、自分はそれだけの価値を提供していないし、提供できないと思っているから、「そんなにいりません。私にぴったりの金額だけでいいんです」と自分でお金の流れを抑えてしまっているのです。

僕もずっとそうしてきたので、よくわかります。


ここでのキーワードは**「ただ、もらっておけばいい」**です。

自分が何の役に立っていなくても、相手は自分の意思で「あげる」と言ってくれているのだから、ありがたくもらっておけばいい。

「くれる」と言ってくれているなら、ありがたく受け取ればいいのです。

10

「すべてがOK」という境地

ちなみに、「価値」というのは、自分からは提供しなくてもいいものです。

なぜなら、**〝あなたの存在そのもの〟に価値があるから。**

あなたがもらえるお金とは、労働の対価ではなく、

「あなたの存在に対する報酬」

です。これを心屋では**「存在給」**と名づけました。

つまり、あなたが手にするお金の額は、あなたが思う〝自分の価値のバロメーター〟ともいえます。


考えてみてください。

たとえば、セレブな奥さんは、家にいて、お尻をポリポリかきながらテレビを見てポテトチップスを食べていようが、おしゃれなレストランで超高いランチを食べていようが、旦那さんが死ぬほどお金を持って帰ってきます。

そのことについて、「何にもしていないのに、私ばっかり悪いわ」なんて思わず、「ま、当然ね」くらいに思っています。

つまり、お金は「労働の対価」だけではないのです。

「自分は、その金額をもらうのにふさわしい人間だ」と思ってさえいれば、不思議なことに自分の使える金額、収入は勝手に上がっていきます。

そう思えない人は、高い買い物もできないし、何かで大金が入ってきても、意味もない使い方でお金をなくしてしまうのです。

今、僕のメインの仕事は、月に二回、東京と京都でセミナーをすること、ブログを書くこと、それからFａｃｅｂｏｏｋで遊ぶことです。それだけなのに、朝から晩まで働いていたときよりも収入があります。

今、「自分の収入が低いな」と思っている人は、自分が自分を低く評価しているだけなんだと思ってください。

「役に立っている、立っていない」は関係なく、

「何もしなくても、自分はお金（豊かさや愛情）を受け取っていい人間なんだ」

と許可しているかどうかの問題です。

自分の収入は、自分で決めていいのです。

ザブンとお金が入ってくる「許可」の魔法

ここまでのキーワードである「罪」の反対は、**「許可」**です。

「働かざる者食うべからず」

という言葉は、罪悪感のある人がつくった言葉です。

「何の役にも立っていない自分は、高い収入を得てはいけない」

という罪悪感を捨てて、

「自分は役に立たなくても、働かなくても、人を喜ばせなくても、お金をいっぱいもらっていいんだ」

と許可をしたときに、ザブンとお金が入ってきます。愛情もお金も、空気と同じです。思う存分、吸っていいのです。吐いていいのです。

収入というのは、

「あ、自分は今、自分の価値はこれくらいだと見積もっているんだな」

ということを把握するためのバロメーターです。

だから、**「がんばって働くこと」に逃げる**のではなく、

「自分は、お金をたくさんもらってもいい人間なんだ」

と、自分に許可を出すこと。これが収入を上げる一番の近道です。

「許す」ことで世界はバーンと開ける

結局、豊かになるために必要なことは、**「許していく」**ことだと思います。

「してはいけない」と思っていたこと、憧れていたことに対して、

「私は、あれをしてもいい」

と許可していくと、世界がバーンと開けてきます。

世界が開けたあと、自分がどこまで行くのかは、自分で決めていいのです。

「あの人の悪事を許してもいい」

「自分の悪事を許してもいい」

「子どもを産んでもいいし、産まなくてもいい」

「結婚してもいいし、しなくてもいい」

そうやって許していくと、どんどん世界が広がっていきます。「すべてがOK」「すべてがいい」というスタンスで生きていくことが、一番の成功ではないかと思います。

僕の感覚の中での「本当の豊かさ」とは、たとえば旅行に出かけるとき、高級ホテルに泊まってもいいし、安いドミトリーに泊まってもいいし、野宿だってしてもいい、という**こだわりのない自由感**です。

お金があってもいいし、なくてもいい。ひどい目にあってもいいし、大事にされてもいい。たくさんの友だちといてもいいし、一人でもいい。

そうやってすべてを許して、**「いい」の範囲がどんどん広くなる**ことが、自由や豊かさをもたらすのかなという感じがします。

で、僕はどれくらい許しているかといったら、まだまだダメです。だって、奥さんが夜中の二時に帰ってくるだけでもイライラしていたぐらいですから。

まだまだ器が小さいということですね。

11

「受け取り拒否」の人生で、いいの？

これまでの本にも書いてきましたが、人の考え方には、「天国思考」と「地獄思考」の二つがあります。

ここで言う「地獄」とは、いつも何かが足りないと思っていて、戦ってばかりいて、罪の意識に苛《さいな》まれている世界。

そして「天国」とは、いつもまわりと分かち合って、「ある」という安心感とともに一緒に楽しんで、許されている世界です。

僕自身は、「地獄」の方の出身なので、かなりの年月と時間を、自分を責めて苦しむことに費やしてきました。

でも、ある日突然、「え？　なんか向こうに違う空間があるぞ」と気がついて飛び込んでみたら、「こんなに、ええところがあったんだ〜」と気づいたのです。

だから、みんなにも「天国って、あるよ」と伝えているのですが、地獄に住んでいる人は「そんなもの、あるはずがない」と言って譲りません。

「マゾ体質」を克服してみる

かつては、僕もそうでした。会社員時代は朝から晩まで働いて、「働いた分くらいは、もらってもいい」と思っていたし、カウンセラーになってからも、「自分が人を喜ばせた分くらいは、お金をもらっても許されるだろう」と思ってやっていました。でも、「それ以上はダメだよな」と思って、豊かさの流れを止めていました。

それが、「天国」に来て、

「そうか、別に役に立たなくても、お金をもらっていいんだ」

と気づきました。

でも、地獄の方が長くて馴染みがあるから、寝ている間につい地獄に戻ってしまうこともあります。

この地獄から天国への境目に「罪悪感の壁」があります。つまり、天国に行くには「罪」を、「タブー」を犯す勇気が必要なのです。

あなたも、「自分は許されているんだ」と気づいてください。

自分が自分を責めない限り、あなたは「許されて」います。

誰もあなたのことを責めていません。

そもそも、あなたに「罪」はなかったのです。あなたは、自分の親を幸せにできなかった、困らせたなどと勝手に思い込んで「罪悪感」にしているだけなのですから。

それでも、「責められている、責められている」と考えてしまう人。

そういう人は、責められたいのです。

ある意味、マゾ体質、変態なのです。


地獄の世界にいる人たちは**「あなたは価値がない」と言われた方がしっくりくる**のです。

「自分は、地獄がお似合いなのよ」と思い込んで、〝血の池地獄〟でいい感じになっています。

天国思考の人が、いくら素晴らしい温泉に連れて行っても、

「いやあ、私、こんなに透明なお湯、恥ずかしくて無理です」

と、また血の池地獄に入り直して、

「ああ、やっぱりこっちの方が馴染《なじ》むわ。やっぱり何も見えないのが一番ね」

と言っています。

天国の方の温泉は、水がキレイすぎて馴染めないのです。

天国の人は、分かち合いたい人たちだから、愛情をくれたり、優しさをくれたり、「一緒に遊ぼう」などと声をかけてくれたりします。

でも、地獄の人は「私には、そんなの似合わない」と言って拒否します。

優しさが来たら、「いや、私の体が、お金が目当てなんでしょう」と訳《わけ》のわからないことを言います。

「何をしようとしてるの？」

「どうせ裏切るんでしょう」

と言います。

そして、全部〝受け取り拒否〟をしておいて、

「私、やっぱり愛情がもらえないんです」

とシクシク泣いています。

それを見ると、「まったく、君は、何をやっているんだ？」という感じがするのです。

12 「ライク・ア・関西のおばちゃん」

もういい加減、血の池地獄から足を洗って、自分を大切にしてみないか。

「自分を大切にする」には、「自分を責めない」こと。それだけで十分です。

自分を責めるマゾ体質の人は、まるで酒飲みが何かと理由をつくっては飲みに出かけるように、それこそ隙あらば、「よし、チャンス見つけた！　責めてやれ！」みたいな感じで生きています。

また、「自分に問題が起きるとき」も、簡単に言うと「自分を責めているとき」なのです。

「自分を大切にする」とは、**「ひらく」**ということです。

これは、**「自分を檻《おり》から出してあげる」**ことともいえます。

僕たちは自分のことを、「親のつくった檻」「学校の決めた檻」などの中に、すぐ閉じ込めようとします。

そして、自分で自分を閉じ込めておいて、この檻の中から逃げださないか、足や手を出していないかと、ずっと見張っています。

たまに自分の手足が、檻からほんの少しでも出ると、ここぞとばかりに自分を責め始めます。

これを早くやめてほしいのです。

「来るなら来い！」の心境

「ひらく」というのは、別の言葉で言うと**「ゆるめる」**ということです。

「ひらいて、ゆるめる」と、自分の中にいいものが入ってきますが、いらないものも入ってきます。

そして、いらないものが入ってくるのがイヤだから、僕たちは「閉める・閉じる」を選択してしまうのです。

ただ、ある程度の年齢を超えたら、「閉める力」も弱まってきます。

だから、「ひらいている」関西のおばちゃんなどは最強なのです。恥も外聞（他人の目）もなく、自分の気持ちに忠実です。

人から嫌われることを恐れず、「来るなら来い！」という感じでしょう。

要するに、あなたにも**「関西のおばちゃん」**になってほしいのです。

「閉めている」うちは、自分の汚い部分が出ないかわりに、自分の素晴らしい部分も出ません。

自分を責めないためには、自分の中の何かが出てきてしまうのを、早くあきらめることが大事なのです。

これが「自分を大切にする」ための秘訣です。

4
章

「言葉に出せる」人は、強い

……隠さない、ごまかさない、
ぬりかためない

1 「何で、わかってくれないの!?」は、なぜ起こる？

僕は心理カウンセラーを生業《なりわい》にしていますが、「カウンセリング」というのは、「相手がわかってほしいこと」を読み取ってあげるような仕事だなぁと思っています。

でも、そんな僕でも、「わかってほしい」という気持ちをこじらせることがあります。

たとえば、僕が奥さんとケンカするときは、たいてい、
「何で、わかってくれないんだ」
という思いが根っこにあります。

でも、どうして「何で、わかってくれないんだ」という思いが湧いてくるのか？　理由は簡単で、だいたいは僕の方が、はっきりと気持ちを言わないから。

「もっと、こうした方が、いいんじゃないのか？」

「どうして？」

「だってふつうは、奥さんって、こういうことするもんじゃないの？」

「どうして、そうしてほしいの？」

「そりゃあ……」

これじゃあ、確かにわからないわけです。

格好悪くても「本音」を言う

実を言うと、僕の奥さんは、あまり僕に甘えない人です。

たとえば、時々猫みたいにゴロニャンと甘えてこられると、男はうれしい（でも、あまり続くとめんどうくさい・笑）。

奥さんも結婚する前は、ゴロニャンでした。

でも、結婚してからは急に、ゴロニャンがゼロになったのです。いったいどこに置いてきたのでしょう？　実家にでも置き忘れてきたのかもしれません。


そこで、僕は思いきって聞いてみました。

「あまりゴロニャンってしないよね」

「ゴロニャンって何？」

「いや、甘えないよね」

「甘えてるよ。こうして今、家でゴロゴロしているじゃない」

「いや、そうじゃなくて……」

「何で甘えてほしいの？」

「それはその……」


いったい、僕の本音はどこにあるのでしょう。

「すみません、あなたのことが好きだから、もっと甘えてほしいんです」

要は、そういうことです。

だけど、格好悪いし、恥ずかしいから、そんなことは言えません。

でも、**本音というのは、言わないと人にはわからない**のです。それ以上に、口に出さないと、自分でも自分の本音を知らなかったりします。

どんなに恥ずかしくても、格好悪くても、言葉にしなければ相手には伝わりません。そこをスルーするから、ケンカになったり、ギスギスしたりします。

男女のすれ違いも、人間関係の摩擦も、みんなこうして起こるのです。

あなたの「アピールしたいこと」は何？

あなたの「わかってほしいこと」は、どんなことでしょうか。

実は人によって、「わかってほしい」には、いろいろあるのです。

「私ってすごいのよ」ということをわかってほしくて、何らかのアクションを起こす人もいます。

そうした人は、自分が何かをして褒められたとき「いやいや、そんな大したことありませんよ」と口では謙遜《けんそん》していても、本心ではやっぱり、「すごいね」と言われたいのです。

「すごい」と褒めてもらいたい、評価してほしいから、何かの表現をするし、何かの行動を起こすし、ブログを書いたり、Ｆａｃｅｂｏｏｋに投稿したりします。

反対に、たとえば「自分がダメな人間だ」とわかってほしくて、一生懸命、ダメなことをくり返す人もいるのです。

わざわざ失敗したり、わざわざ怒られるようなことをしたりして、「あなたはダメな人間ですね」と言われ、「やっぱり、そうか」と安心するのです。

ブログやＦａｃｅｂｏｏｋをやっている人は、

「私は何をわかってほしくて、これを書いているんだろう」

ということを見つめてみてください。すると、一瞬、イヤな気分になるかもしれません。


「私って、毎日がこんなに充実しているの」

「私は友だちがいっぱいいるのよ」

「私って、こんなにがんばっているんだ」

などなど、アピールしたいことは人それぞれでしょう。

被害者アピールの強い人は、

「私はこんなに悲しかったのよ。こんなにつらい思いをしたの」

ということをアピールするでしょう。

中には五十歳を超えても、何十年も前のことをいまだに書いて、それを毛布のようにずるずると引きずっている人もいます。

平たく言えば、世の中のほとんどの人は、「かまってちゃん」だということです。でも、それでいいんです。

2 本音を認めると「奇跡」が起こる

「すごいね」と、褒めてもらいたい。
「がんばっているね」と、認めてもらいたい。
「つらかったね」「悲しかったんだね」と、共感し、同情してほしい。
胸に手を当ててよく考えると、僕たちの心の中には、そんな本音があるのです。

でも、みんなそれを認めず、目を背けてしまっています。
なぜかといえば、「本音を知る」のが恥ずかしいから。
本音を知られると、格好悪いから。
でも、そこを思いきって認めると「流れ」が変わってきます。

「本音」を認めてしまうと、どんなことが起こるのか。

たとえば、小さい頃のことを思いだしてみてください。

親に何かを言ったけれども、自分が投げたものを受け取ってもらえなかった。

「忙しいから、今度ね」

「大人になったら、わかるから」

と、答えをぼかされてしまった。

そんなときは、悲しいから、「もう、いいもん」と言って、すねてしまいます。

自分の「弱み」が魅力だよ

すねてしまうと、以後は何も相談しなくなってしまうのです。

「自分が困っていることを相談する」とは、「自分の弱みを相手に見せる」ということです。

「弱み」とは、自分の「本音」の部分であり、ここを明かさないと、本当の意味で相談に乗ってもらっている意味がありません。

いくら相手が親身にアドバイスしてくれても、

「ごめんね、でもそれ、私の本当の悩みじゃないから、あんまり役に立たないんです」

ということになる。

つまり、「弱みを受け取ってもらえない」という経験が長かった人は、他人に本音を明かせないから、

「人に相談に乗ってもらって、問題をスッキリ解決する」

ことができないのです。

だって、いつもいつも、話を聞いてもらえずに「悲しい思い」をくり返していたのですから。

相談しても「あんたが悪い」「大したことない」なんて言われるというのは、人に何かをプレゼントするたびに、「いらない」と突き返されるようなものです。

すると、もう悲しいから、人にプレゼントなんて贈れなくなります。

でも、自分の弱みや本音を出さないことをくり返していると、溜まってしまった本音をわかってほしくて、行動を起こし始めるのです。つまり、わざと問題をつくったりするわけです。

「どうして、わかってくれないの」

と相手を責めたり、

「ああしてほしい、こうしてほしい」「ああするべき」「こうするのが常識」

と要求するばかりになったり。

こんなことを続けていれば、気づいたら「まわりに誰もいなかった」なんてことにもなりかねません。

3

「自分と似ている人」を見ると腹が立つ心理

「自分の本音」を知る一番簡単な方法。

それは、「ネガティブな気持ち」が自分の中に湧いたとき、その感情をなんとか解決しようとするのではなく、**そのまま受けとめる**ことです。

腹が立ったり、悲しかったり、悔しかったりしたときこそ、自分がしまい込んでいた「格好悪い本音」をのぞいてみること。

たとえば、腹が立ったときは、ちゃんと腹を立てること。

僕もつい最近、久しぶりに、ものすごく腹が立つことがありました。

そのとき、

「こんなことで腹を立てるなんて、自分はなんて小っちゃいんだ！」

と思いました。

でも、そこで怒りを止めてしまうと、どす黒い感情が胸の中に溜まってしまうのです。

「自分の本音」を見せつけられるから、ヒヤッとする

だから腹が立ったときは、「腹が立った！」と吐きだすこと。

ムカッときて相手を責めたくなったら、相手を責めること。

でも、相手を責めながらでもいいし、責め終わったあとでもいいから、「ちょっと待てよ」と思ってください。

「ちょっと待って」から何をするのかというと、こんなふうに考えてみるのです。

「自分はいったい、何に腹が立っているのだろうか？」

すると面白いことがわかります。

「お前なんか、お前なんか、私と一緒だ！」

という驚くべき結論に行き着くのです。

「相手のどこに腹が立ったのか？」

これをずっと考えていくと、こんなふうに思考がめぐっていくのです。

「あいつは気が利かなくて、こんなこともできないし、余計なことばっかりして、生意気で……」

「あっ、それって、隠して克服しようとしている自分と同じ⁉」

これが「お前なんか、私と一緒だ！」のカラクリです。

実は、「あいつのやっていることって、自分がやっていることと同じじゃないか」と気づいた瞬間、多くの人は一回、ヒヤッとします。

「これはやばいぞ」と思って、ヒヤッとするのです。

誰かに対してムカッときたとき、「自分はあいつと同じだ。やばい」というのが、あなたの本音なのです。

人は自分が隠している本音を相手がぶつけてきたとき、だいたい腹が立つようになっているのですね。だって、知られたくなくて隠しているのですから。

何を損したくなくて、そんなにがんばっている？

もう一つ、「自分はいったい、何に腹が立っているのか」と考えていて気づかされることがあります。

それは、**「自分の中に、ものすごく損をしたくなくて、がんばっていたことが一つある」**ということです。

絶対に損をしたくなくて、ものすごくがんばっていた。

すると、「実際にそのことで損をしている人」を見たとき、妙に心がザワザワするのです。

いずれにしろ、「ネガティブな気持ち」が強く表われたときは、自分が何かに対して、ものすごく強い抵抗感を抱いていると教えてくれています。

逆に言えば、「自分がものすごくイヤがっている本音」を紐解くチャンスでもある。

そんなときは、頭の中に浮かんだモヤッとした感情を文章にしてみるといい。

頭の中にあるだけではモヤッとしている思いも、文章に書きだせば、それを取りだして、いかようにも料理できるというわけです。

4 「妄想の世界」でおぼれないために

ここ数年、僕は「わかってもらえない」ことで、ものすごく鍛えられました。なぜなら、奥さんが「共感しない人」だから。

たとえば、一緒にご飯を食べに行ったとき。ハンバーグを食べていて、目の前にいる奥さんに「おいしいよね」と言っても、何も答えは返ってきません。そこで、

「今、僕が言ったこと、聞こえた？　おいしいよね？」

それでも何も答えません。もう一度、くり返します。

「おいしいよな」

「うん、おいしいね」

おお、一応、言葉は伝わったんや……と。うちの奥さんは、こんな感じなのです。

「不毛な言い合い」の原因

こちらが望む反応が返ってこないと、人は不安や寂しさから、いらん妄想を始めます。

「僕のことを大事に思っていないから、すぐに反応してこなかったんじゃないか……?」

と。僕の場合は、そこで本音を一回、言ってみます。すると、奥さんは「そんなことないよ」と言います。でも、「そんなことないよ」と言われても、僕は「それはウソやろう」とまた思ってしまいます。

そういう不毛なやり取りを何度かしたあと、奥さんは言うのです。

「だって、一緒にご飯食べてるじゃん。私、イヤな人とご飯食べに行かないもん」
「いちいち相づち打つの、めんどうだもん」
……って、おい（汗）。

ここで一番大事なのは、僕が「大事にしてもらえなかった」と思っているということです。

一方で奥さんの場合は、一緒にご飯を食べている時点で、すでに「大事にしている」と感じています。

でも、こちらは「大事にされていない」と思った、感じた、決めた。「絶対にそうなんだ」と思ってしまっています。でも、大事にされていないというのは事実ではありません。

つまり、これは**妄想**なのです。悲しいし、腹が立つし、悔しい思いをしているけど、すべて事実ではないのです（たぶん）。

妄想している人は、まずそこに気がつかなければいけません。

5

「無意識」のうちに幸せから遠ざかっている人

悩みを抱えて心屋のところにたどりつく人の多くが、気づいているか気づいていないかは別にして、

「自分は大事にされていない」

と思っています。

でも、本当のところは、あなたは自分で思っている以上に、大事にされています。

たとえば、ある若い男性が、会社の上司にキレ気味のきついメールを送ってしまい、大問題になった。彼は、

「自分でも、何でそんなことをしたのか、わからないんです」

と言います。僕は、

「それは、上司の人に『わかってもらっていない』と思っているからじゃない？」

と言ったら、

「はい、あ、そうです！」

とびっくりしていました。僕は続けて質問します。

「あなたはどんなことをしてもらったら、理解してもらっている、大事にされているると思う？」

すると、

「そうですね……自分が忙しくてテンパリ気味のときに声をかけてくれたり、人員を回してもらえたりしたら、なんか大事にされている気がすると思います」

と返ってきます。

でも、肝心の上司には、怖くてそのことを伝えられない。

けれど、言わない以上、あなたの「大事にしてほしい」と、相手の「大事にしている」は、ずっと一致しないままです。

なぜ「今ある幸せ」に気づきたくない？

あなたは「大切にしてほしい人」から、実は大切にされています。

あなたは「認めてほしい人」から、実は認められています。

でも、それに気づきたくないのです。

どうしてかといえば、「大切にされている」とか「認められている」と知ってしまうと、それはそれで大変になるから。

今まで「わかってくれない」とか「大切にされていない」と腹が立ち、悲しい思いをしてきた自分を全否定するのは、格好悪いし、恥ずかしいから。

人は「本当はわからなければいけないこと」を、無意識のうちに「わからないまま」にしようとします。

たとえば、僕がブログを書くときは、誰かに向けて書いていることが多いです。でも、これには面白い法則があって、だいたい「読んでほしい人は、それを読まない」ということが起こります。

「君のために書いたのに、え、読んでいないの？」

「ええ、どれですか？　ええ？」

毎日、欠かさずブログを読んでくれているのに、それだけピンポイントで読んでいないこともあります。

「これを読んだら、やばい」という「動物的カン」がはたらくのかもしれません。自分の一番柔らかくて、一番怖くて、一番大事なところだから、瞬間的にフタをして、気づかないようにしているのです。

自分の耳にフタをしない

あなたには、「言ってほしかったけど、言ってもらえなかった」という言葉がないでしょうか。

「よくがんばったね」

「つらかったね」

など。でも、ここにも「罠《わな》」がたくさんあって、実は「言われているのにスルーしている」ということが多いのです。

「一生懸命がんばっているのに、あの人は『よくがんばったね』と言ってくれない」

そう感じる相手がいたら、その気持ちを言葉にして、そのままぶつけてみてください。すると、たいてい、こんな返事が返ってきます。

「え、言ってきたよ。あれだけ言ってきたのに、聞いてなかったのか？」

つまり、自分の耳に自分でフタをしているのです。

なぜ、こんなことが起きてしまうのか。その理由の多くは、小さい頃の親との関係を引きずっていることにあります。

子どもの頃を思いだせば、「がんばっているところ」を一番見てほしかったのは、お父さんとお母さんです。

そして、お父さんとお母さんは、やっぱりあなたにがんばってほしいから、「がんばって！」と声をかけていたでしょう。

でも、がんばったからといって、必ずしも思うような結果が出るわけではない。するど、応援されているのに結果を出せなかったことが恥ずかしく、悔しくなります。

だから、親から言われた「がんばって！」という言葉を、「聞かなかったこと」にしてしまうわけです。

「わかってもらえない」と思っている人は、大人になった今も、自分のまわりの人に同じことをしている可能性が高い。

そこに気づくだけでも、生きるのはずいぶん、ラクになるのです。

6 「あなたの耳に引っかかる話」が教えてくれること

この章のはじめの方で、僕たちは「自分が本当は何を考えているのか」はっきりとわかっていないと書きました。

そのために、僕たちは時々、奇妙なことをしてしまいます。何をするのかというと、**自分が考えていることを、自分の近くにいる人の口からしゃべらせる**のです。

あなたの近くにいる人が言っているセリフ。

あなたの近くにいる人がしゃべっている内容。

あなたが気になる、耳に引っかかる内容というのは、すべて、あなたが心の中

で思っていることです。

あなたが自分の本心に気づいていないから、「無意識」が誰かの口を通じて、そのことをあなたに知らせようとしています。

相手はあなたに、協力してくれているのです。

でも、そんなことはつゆ知らずのあなたは、相手が言った言葉に、「なんてひどいことを言うのよ」と反応してしまうのです。

三六〇度、全方位的に「人生のヒント」がある

あなたの耳に引っかかる話があるなら、それは、あなた自身が心の中で思っているけれど、そのことに気づいていないよというサイン。無意識のうちに「他人の口」を借りて、自分の思っていることを主張しているということです。

そう考えると、**僕たちの日常生活は、三六〇度、全方位的にヒントだらけ**です。

全部、自分から出ている言葉ですから、悪意などはどこにもありません。

あるとしたら、自分に対する悪意だけです。

他人の口から聞かされるヒントの中で、「とくに、これはひどい！」と思った言葉があっても、それはただ、あなたが、「自分のそんな本心を知ってしまったら、絶対にまずいからやめておこう」と思って、無意識にグッと押さえ込んでいるだけのものです。

「もう、やめろ！」と耳をふさぎたくなるような言葉ほど、自分が知りたくなくて、強く押さえつけているものです。

でも、グッと押さえていると、別のところからそれが顔を出してきます。

そうなる前に、あなたは人の口を通じて、それを自分に知らせているのです。

そう考えてまわりの人を見てみれば、「わかってもらえない」なんて悩む必要は、まったくないことがわかりますね。

5
章

「私は自信がある」と決めてしまう

……それだけで、なんか知らんけど
「流れ」がよくなる！

1 「ない」と思っているから満たされない

僕は、二〇〇七年の二月に起業してカウンセラーの仕事を始めたのですが、しばらく何年かは、ずっと自信がない時代を過ごしていました。

一生懸命にがんばっていたけれども、結局、自分に自信を持てるくらいの「成果」を出すことはできませんでした。

そこで、「考え方」の方を変えてしまいました。

「とにかく、がんばる」というのをやめて、「自信を持てる根拠はないけれども、自信を持つ」と決めたのです。

そのときから、本が次々と売れてテレビ出演、ギターを手にトークライブ……

と、不思議と人生が好転していきました。そこで、本章では、「自信を持つと決める」だけで人生にいい流れを起こす方法を紹介します。

まず考えてほしいのは、「自信がない」とは、本当はどういうことなのか、です。これは結局、**何かが「ない」と思っている心の状態**です。

あれができない、これができない、ふつうではない、愛されていない……。

何かが「ない」から、僕たちは一生懸命がんばって、「ある」状態にしようとします。知識を集めなければいけないし、能力を上げないといけないし、愛情をたくさん獲得しないといけない。

そこで努力をする必要が出てくるのです。

「怒り」=「怖がっている」

実は努力しても、「ない」と思っていると、なかなか満たされません。

だから、ますます自信はなくなりますし、余裕がなくなって、怒りっぽくもなります。

「怒る」とは、「怖がっている」ということです。

何かを強烈に恐れているので、「怒る」という行動に出て、自分の身を守ろうとします。これは、よく吠《ほ》える犬と一緒です。

僕も自信がないときは、怒ってばかりいました。今、怒る回数が減ったのは、**「がんばらない」と決めた**からです。

「金持ちケンカせず」という言葉があります。心に余裕があると、人はあまり怒りません。

もちろん、怒ることが悪いこととは言いません。これはただ、あなたが怒って過ごす人生を選ぶか、笑って過ごす人生を選ぶかの問題です。

でも、「笑って過ごす人生」を選んだ方がずっと楽しいと思いますよね。

わかっていても、なかなかできないですけどね。

2

「心のバランス」が傾いていたら、どうにもならない

起業したばかりの頃、僕はひたすら〝がんばって〟きました。

独立して食べていこうと思ったら、お客さんを集める必要がありますから、サラリーマンのときとは違います。

お客さんを集めるための勉強も、努力もたくさんしてきました。

当時の僕を知っている人からは、「あれだけがんばったから、今のあなたがあるんですね」と必ず言われます。

ただ、たとえば現在、講演会に集まるお客さんを見てみると、「僕ががんばってきた時代のお客さん」は、もう数人しかいなかったりします。

逆に言うと、僕ががんばるのをやめてからのお客さんが、会場のほとんどを埋めています。

だから、「今までがんばってきたから、今の僕がある」というのは、ちょっと違うよね、という話になります。

「暗黒時代」があった僕だから、わかること

「がんばってきた時代」の僕は、「いかにしてお客さんに来てもらうか」を、ひたすら必死になって考えていました。言い換えると「いかに奪うか」を考えていたのです。

「自分は佐川急便で十九年間やってきた」という、わけのわからない自信を根拠にして、とにかく必死にやっていました。

その頃の僕は、ちょっと〝傾いていた〟のだと思います。

自分自身の心の土台が傾いているから、どんなにがんばっても、下に落ちていってしまいます。

「がんばらなくても、自分は大丈夫なんだ」という考え方を根っこに持たない限り、状況は何も変わりません。

実際、がんばっていた時代に僕が「積み上げてきたもの」は、今は何も残っていません。どこかに行ってしまいました。

そんな「暗黒時代」があったから、僕は盛んに「がんばらなくていい」と言っているのです。

そんなに目をむいて、必死にならなくていい。

それよりも、**「心のバランス」**をとりましょう。

3 ものすご〜く「気分が落ち込んだとき」の特効薬

まだ暗黒時代だった二〇〇九年頃、ものすごく気持ちが落ち込んだことがありました。

実はその頃、本もある程度売れていたし、いろいろな活動も好調だったのです。

それなのに、「自分はなんてダメなんだ」と激落ちしました。

「自分はあんなこともできない。こんなこともできない。あんなことをしてしまった。あんなことを言われた。あんなことをされた」

とにかく、自分を責める気持ちばかりが、盛り上がっていきました。

それなら……と、「いっそ一回、自分のことを超責めてやろう」と思い、限界まで自分を責めてみることにしたのです。

せっかく自分を責めるのですから、雰囲気を出して、部屋を暗くします。それから過去の人生を振り返り、「なぜ、お前はあんなことをしたんだ」と責めたくなるようなことを見つけていきます。

それこそ気合を入れて、自分のことを責めたのです。


そして、あることに気づきました。

それは、とことん自分を責めると、五分くらいで終わってしまう……ということです（笑）。

もし、あなたがずっと自分を責め続けているというならば、ひょっとしたらまだ、「責めるときの集中力」が足りないのかもしれません。

もっと自分が思っている何倍もの力で、ギュッと責めてみてください。大声をあげて、激怒するような勢いで、真剣に！

すると、だんだん自分で白けてくるのです。

一生懸命に責めれば責めるほど、なぜか自分の中からポジティブな感情がたくさん湧いてきます。

「ダメだ、もう責められない。もう責められないから、もう自分のことを『これでいい』ということにしよう」

そんなふうに思えてきてしまうのです。

エンジンのない帆船が航海できる理由

自分の悪い部分に目をつぶり、いいところだけ、長所だけを持ち上げようとすると、「自分の悪い面」ばかりが気になってくる。

その逆に、「自分の悪い面」ばかりにフォーカスすると、不思議と「いい面」を見つけてしまう。

だから、自分のことを限界までギューッと責めたら、何かが奥からポンと出てきます。何かがポンと出てきて、

「さっきまで責めていたことも、もうこれでいいや」
と、心のバランスがとれるようになるのです。

エンジンがついてない帆船で、どうして航海ができるのだと思いますか？ 地球上には常に風が吹いているから、そこにうまいこと合わせるだけで、船はスーッと進むようになっているのです。仮に向かい風だとしても、ジグザグに進んでいけます。

要は、**バランスさえとればいい**のだということです。

自信がない、それで自分を責める、がんばり続けてしまう……。

そんなときこそ、心のバランスをとるために、本気になって、とことんまで自分を責めてみると面白いことがわかると思います。

4

「ある」と思うだけで、人生がきらめく

僕が自分を責めるのをやめ、「がんばる」のもやめると、不思議と本がそれまで以上に売れ始め、印税もたくさん入ってきました。

でも、もう心に余裕ができているから、ガツガツもしなくなり、逆に、「うわ、このお金、どうしよう?」と思いました。

そこで、

「よし、このお金を使って、今までの人生であまりやったことのなかったボランティア活動を、ちょっとやってみようかな」

と思いたちました。それは、カウンセリングを無料で行なうことでした。

そして、どうせならたくさんの人に体験してほしいということで、そのカウン

セリングを公開する形にしたのです。

会場代は自分持ち、当然、交通費も自分持ちです。労働にお金は発生しません（京都と東京で始めて一年くらいたった頃から、「お気持ち金制度」にして、お金をいただいています。このお金は寄付させてもらっています）。

とにかく当初は、「それで人の助けになるのだったら」という気持ちでしたが、これは「すごくいいこと」をしている実感を僕に与えたのです。

今までの自信がなかった自分、つまり「ない」が基本だった自分が、「ある」に変わり始めました。

これが僕にとっての、非常に大きな「転機」になったのです。

「ない」から生まれる怖い世界

この経験でわかったことが、先の章でも紹介した「地獄思考」と「天国思考」

です。

この世の中は、「地獄」と「天国」の二つに分かれていて、地獄というのは、「ない」世界、天国というのは、「ある」世界です。

仏教の教えにしたがうと、地獄とは、餓鬼《がき》、修羅《しゅら》、畜生《ちくしょう》の世界です。

そのうち餓鬼とは、「くれくれ星人」です。「ない」から、誰かに「くれくれ」と言っています。

可哀想だからと、「餓鬼」にエサを投げても、餓鬼がそれを口に運ぼうとすると、燃えてしまうのです。だから、食べられず、いつもお腹を空かせているわけです。

「修羅」の人は、ずっと怒って、戦っています。

「畜生」の人は、ずっと欲望にとりつかれています。

「ない」ことによって、苦しみや、嫉妬や妬みも生まれる。

また、「ない」から不安で、恐れも生まれます。

そういう人が一時的に「（お金や愛情、成功などが）ある」になっても、今度は「奪われる」「失う」のが怖くてずっと「不安」です。いつも周囲を見張り、評価ばかりが気になって、他人と自分を比べ、劣っている自分を責めています。


これが全部、「地獄」の世界で起こることです。

地獄とは、死んでから行く場所ではありません。

今、この世界で地獄を味わっている人は、たくさんいます（僕もそうでした）。


一方、天国というのは、「ある」の世界です。

「ある」のだから、基本的に安心です。人を見張らないし、自分を縛ることもない。喜んで人に与えられます。

僕はずっと地獄の世界の住人だったので、

「ない。ない。ない。なんかないか？　なんかないか？」

そう言いながら、ずっと苦しい人生を生きてきました。

これが「ある」に変わったとたん、安心で、いつも笑えるようになったのです。

そして、天国に来るのはそんなに難しいことではありません。自分が「天国に行く」と決めればいいだけです。でも、できない。

その一番の理由は、やはり「習慣」でしょう。人はたとえ地獄であっても、「馴染みの場所」にいると安心するからです。

最近、僕は「こっちにおいで」と言うことをやめました。

代わりに「こっちが汚れるから、絶対来んなよ」と言っています。すると、「そんなこと言わないで。私もそっちに行きたい」

と言う人が多くなりました。

「来んな」と言われると、人は行きたくなる。これは天国に人を誘う「効果的な方法」ですね。

5 怒りを「大政奉還」した話

「あるんだから、もういいや」ということにして、僕は『人生がときめく片づけの魔法』のこんまりさん流に、「ときめかない活動」は全部捨てていきました。

やっておいた方が得だろうけど、やった方がいいのだろうけど、「ときめかない」ものは、すべて「やらない」ことに決めました。

自分の体に貼りついていた、「大事だし、必要だし、せっかくだし、外せない」ものでも、「ときめかない」ものは全部、やめていったのです。

地獄にいるときは、何かを捨てたり、やめたりすることができません。なぜなら「損する」「失う」のが、とても怖いから。

それでも思いきって、ときめかないことをやめていくのです。そうすれば、だんだんと「天国の世界」が開けていきます。

天国に入ると、もう損はそれほど怖くありません。「損しない」とわかってくるから。だから「やめたこと」など、もはやどうでもよくなってしまうのです。

僕VS妻――「建仁寺の乱」

今、僕のセミナーに参加してくださったり、あるいは僕の本を読んでくださったりしている方は、みんな**「ニュー心屋」**に出会えています。これは、とてもラッキーかもしれません。

僕が奥さんと結婚したのは二〇一〇年で、その頃はちょうど、天国と地獄を行ったり来たりしていました。

だから奥さんとも、当時は「戦国時代」だったのです。その最後に**「建仁寺《けんにんじ》の乱」**がありました。

建仁寺とは京都にあるお寺で、俵屋宗達《たわらやそうたつ》の有名な「風神雷神図屛風」があるところ。京都の中で僕が一番好きなお寺です。

その建仁寺でセミナーをすることになっていた日の前日に、僕らは大ゲンカをしました。

ケンカの原因は、ま、先に書いた「飲んで帰ってこない問題」ですわ（笑）。

でも、このときに、いつもは怒らない奥さんもブチ切れて大ゲンカになり、その最中に、

「自分の妄想したことに、自分が勝手に怖がって怒っている」

ことに改めて気づいて、「戦争の終結宣言」をしたのです。

奥さんに対して「もう怒るのをやめた」と宣言しました。

大政奉還みたいなものです。「もう、勝手に怒ることは返上します」と。

これが地獄を見限った瞬間だったと思います。

怒る、怒らないでなく、「勝手に怒るのをやめる」と決めたのです。

それから、僕は「ニュー心屋」になりました（とはいえ、たまに怒りますが）。

6 完全「えこひいき」システムとは

ビジネスをしていれば、「お客さんが欲しい」と思うのは当然のことです。

「新しいお客さんが欲しい」

「もっとたくさん集客したい」

「もっと売上をのばしたい」

あたりまえのことですが、この「思い」が地獄の世界から抜けだせない理由になっていることもよくあります。


僕が開催している「Ｂｅトレ」には、時々「一般の人も連れてきていいですよ」という日もあります。

そのとき、「会員さんが連れてくる一般の人は半額」という提案をいただいたのですが、逆に会員さんよりも値段を高くしました。

ふつうの商売では「おためし」とか「はじめての方はお安く」といった方法をとることも多いようですが、僕には「いつも来てくれる人」より値段を安くする理由がないのです。

そもそも「Ｂｅトレ」を始めたとき、「新しいお客さんはもういい」というコンセプトだったのです。それより、今いてくれる人と仲よくしたいと。

これに名前をつけるとしたら、**「完全えこひいきシステム」**です。

それまでの僕は「いい人」の仮面をつけていたので、「えこひいきはダメ、みんな平等に」と思っていたのです。

でも、それは無理なのです。やはり、かわいい子は、ひいきしたくなるのです。

それ、誰も気にしてません

新しいお客さんを集める努力をしなくなると、その分、人が集まらなくなるかもしれません。

でも、「集まらなくても別にいい」と思うのです。

たとえば、京都で「Ｂｅトレ」を開催する際、心屋では「京都劇場」という八百名近く入るホールを使っていました。

それだけの広さがありますから、「何人でも来てもらって構わないですよ」ということにしていますが、後ろの方はたいてい、空席がいっぱいです。

でも、それでまったくいいのです。

以前、集客で悩んでいた頃は、空席があると、あまり楽しくありませんでした。

でも、「この空席という現状を、僕はひょっとしたら自分自身でつくりだしているのではないか？」と考えてみました。

なぜ、お客さんを会場いっぱいに集めず、「空白」を残したのでしょう？

すると、驚くべきことがわかりました。

自分の開催するセミナーだから、空席があるのを不快に思うだけなのです。これが他人の講演会や、あるいは映画やコンサートに自分が参加するときだったらどうでしょう？

横に荷物を置きたいし、ぴっちり人が詰まっているのは、体もデカいのでちょっと息がつまる。

そう、**僕は空席が大好きだった**のです。

「空席が大好きなのに、自分のセミナーでは空席があるのはダメというのはどうなのか」ということです。

それに、空席があっても商売が成り立っているということは、つまり、「それでも、別に大丈夫なんだ」ということ。

どんなセミナーや講演会に行っても、聴いている人は、空席があることなど気にしていません。

商売をしている側が気にしていることを、お客さんはまったく、気にしていないのです。

そして何よりも、新しいお客さんを求めて、今すでに来てくれているお客さんをないがしろにするのではなく、新しい人を断ってでも、今、すでに選んでくれている人たちを大切にしたかったのです。

7
「結果」や「評判」という罠

「売上は、どれくらいか」

「お客さんは、どれくらい入ったか」

商売をしていると、どうしても気になります。

どうして、そんなに気にしてしまうのでしょうか。

「自分の価値」は、目に見えないものです。

一方で、「結果」は、目に見えます。

だから、僕らは目に見える「結果」で、「自分の価値」を測ろうとするのです。

「証拠」が欲しいのです。

だから、他人と自分を比較するし、人の評判も気にしてしまいます。

でも、ここには、大きな大きな罠があるのです。


たとえばあなたが、自分の価値を知りたくて、何かイベントを主催しました。

でも、お客さんはほとんど集まりませんでした。

そのときに当然、あなたはがっかりするでしょう。

「がっかりする」のは、「私は、本当はすごい人間なんだ」ということを確認したかったからです。

お客さんが集まっていない状況を見てがっかりするのは、

「私はもっといいと思っていたのに、そんなによくなかったんだ」

という現実が目の前に来たからです。


つまり、僕らは**「自分は素晴らしいんだ、すごいんだ、魅力的なんだ」**という

ことを確認したいのです。

その「証拠」が手に入らないときは、「自分は素晴らしくないんだ、ダメなんだ、魅力がないんだ」ということを確認してしまうことになるのです。

必死にがんばっていれば、必死にがんばった分くらいの結果は出るでしょう。でも、手を抜いたらすぐに落ちてしまいます。

がんばって結果が出れば「すごい」、結果が出ないと「ダメ」、この循環はキリがなく、苦しい状態からは、いつまでも抜けだせません。

だから、「いいかげん、そんな地獄の世界とは、おさらばしませんか」ということなのです。

「証拠集め」は、いらないんです

必死にがんばっていた頃、僕が「心の拠りどころ」にしていたことの一つに

「手相」があります。

僕は、自分の手相がちょっと自慢です。線がくっきりしていて、占い師さんなどに見てもらうたびに「いい手相だね」と言われます。

そのたびに、「よっしゃあ、僕は大丈夫」と思っていました。

でも、本当は、「自分は素晴らしい」と思うのに、手相の力を借りる必要はありません。

「自分は素晴らしい」という〝証拠〟を集める必要もありません。

そんなことをせず、ただ「自分は素晴らしい」と思えばいいのです。

根拠も証拠も証明書も何もなく、ただ自分で「そう思う」と決めるしかないのです。だって、そう思いたくてがんばっているのですから。

だから、僕は二〇一一年頃に、「自分は素晴らしい人間なんだ」ということに決めました。

・・・・・

変な話ですが、世の中には、「自分はダメな人間だ」と思いたい人が大勢います。

そういう人はたいてい、小さい頃から両親に「お前はダメだ、お前はダメだ」と言われ続けてきて、だから、「自分はダメ」と思いたがるようになっているのです。

もしくは、親を助けられなかったり、期待に応えられなかったりという経験から、自分のことをダメだ、無力だと〝勝手に〟思い込んだのです。

だったら、逆もできるはず。

何があっても、「自分は素晴らしい、自分は素晴らしい」と〝勝手に決めて〟言い聞かせ続ければ、「そうかも」と思えるようになってきます。

すると、「自分は素晴らしい」と実感できる新しい「証拠」がやってき始めるのです。

8 「恐れるものがない」境地

あなたは「結果」を出して、自分の素晴らしさを「証明」しなくても、十分に素晴らしい。

がんばって売上を立てなくても、役に立てなくても、何もできなくても、あなたは十分、素晴らしいし、愛されている。

だから、安心して「楽しいこと」を夢中になってやってください。安心して遊んでください。

「それでは大変なことになってしまう……」

と思うかもしれません。でも、実際に天国の世界で「自信がある」という大前提で生きている人は、「どんな自分でも、素晴らしい」と考えて仕事をしています。

基本的に「安心」感に満たされているから、不安に駆られてしゃかりきになる必要がありません。

独身でも結婚していても「孤独死」する⁉

それでも、「がんばらなければダメなんです」と言う人はいるでしょう。

「だって、生活があるもん」

「私、一生懸命働かなかったら、このまま孤独死するし」

そんなふうに言う人までいるかもしれません。

大丈夫です。あなたは孤独死します。

今、四十歳を超えていて独身の人は、孤独死します。

「孤独死するんじゃないか」と思うから不安になるのです。

でも、「孤独死する」とわかっていたら、「孤独死するかも」と恐れて、がんばる必要はない。がんばっても、みじめに孤独死するんですから。


「私は結婚しているから、孤独死しない」

「自分は子どももいるから、孤独死するわけがない」

そう思っている人は、甘い甘い。

結婚していたって、子どもがいたって、孤独死します。

結婚していても離婚するかもしれないし、そうでなくても相手に先立たれることもある。

あんなに「いつも一緒」だった子どもも、気づいたら独立して、どこかで勝手に生きています。

だから、結婚していたって、子どもがいたって、孤独死するのです。

開き直って「天国のこと」に徹する

「孤独死するんじゃないか、するんじゃないか……」

そんな不安を抱え、「そうならないように」とがんばりをくり返すから、いつまでも何か（恐怖）に追いかけられて苦しい状態が続きます。

でも、「孤独死する」を決定事項にしてしまえば、あとは恐れることなどありません。**開き直って「天国のこと」に徹する**ことができます。

もちろん、「結婚したい」「幸せな家庭をつくる」という夢を持つのはいいことですし、あきらめる必要もありません。

でも、孤独死するのを一〇〇％避けることはできない。

だとしたら、そんな心配をするよりも、「好きなこと」にチャレンジしたり、これまでやらずに「我慢していたこと」を体験したりすればいい。

「天国のこと」に徹するとは、そういうことです。

心配してもしなくても、結果は同じなのです。「心配をしている時間」を省いていったら、もっとたくさんの「楽しいこと」ができるようになります。

そして、たくさんの「楽しいこと」をヒラヒラとしているうちに、ちゃんと「結果」が出てくるものなのです。

あんなに努力していたのに出なかった結果が、「天国のこと」「楽しいこと」ばかりしていると、いつの間にかついてくる、というわけです。

「遊んでばかりいると大変なことになる」は、実は幻想なのです。

9 「超・笑えるんですけど～」と言えたら上々

がんばろうが、がんばるまいが、結果を残そうが、残すまいが、あなたは孤独死もするし、嫌われもするし、笑われもするし、怒られもします。

でも、嫌われること、笑われること、怒られることを「あきらめた」瞬間に、隣にあったけれども、自分がまったく見ようとしなかった、「新しい世界」にピョンと飛び込めます。

その場所こそが「天国」であり、それに気づいた途端、あなたは今までいた場所が「地獄」だったと気づくのです。

天国に来た瞬間、人生は「コント」になる

地獄の世界から天国の世界に来ると、一番増えるのは**「笑う」**という行為。
今まで腹が立ったこと、今まで許せなかったこと、今まで悲しんでいたこと、今までイライラしてモヤモヤしていたことが、**「なんか知らんけど笑える」**ようになってきます。

そうなったら「あ、自分は天国に来たかも」と思ってください。

「天国」に来るまでには、ものすごく葛藤があります。
泣くこともたくさんありますが、そこを通り越すと「笑い」が増えます。

人は安心していないと笑えません。
「笑う」とは、「許し」であり「ゆるむ」ということです。

地獄にいるときは、体が硬くて、キュッとなっています。肩も凝って、いろいろなところが痛くなります。

DVやモラハラ、セクハラ、病気、いじめ……世の中にはいろいろな「問題」があります。

でも、そういう問題を抱えている人たちも「問題」が解決すると、最後は笑いだします。

できない、言えない、正しくない、すごくない、愛されていない……これらの問題は、すべて「恐れ」から来ています。

これらの「ない」が全部「ある」に変わると、「これまでのこと」はすべて笑いに変わります。

つまり、「自信を持つこと」とは、「結果として笑いが増えること」なのです。

他人に何をされても、笑っていられたら人は幸せなのです。

ということは、僕たちに起こる「ひどいこと」のゴールは、「笑えること」なのです。

天国にいる自分から、「ひどいこと」を見ると、まるで、「コント」のようです。
「うわ、怒ってるわ」(爆笑)
「うわ、泣いてるわ」(爆笑)
そんな感じで、客席の笑いが聞こえてくるようになります。

地獄にいる間は、「つらくて、つらくて、死にそう」と思っていた「ひどいこと」も、天国に来ると、すべて「一歩引いたところ」から眺められ、すべてはコントのように思えてくるのです。

「え？　これ、もしかして笑うとこ？　いや、でも、あんなことされて、こんなことされて……。でも、**超・笑えるんですけど～**」

といった具合です。

ゴールはすべて、「笑い」なのです。

たとえ今、「ひどいこと」をされているとしても、笑ってしまえば天国に移動します。

これが「大丈夫」ということであり、「自信がある」ということなのです。

おわりに——楽しく生きて、「はい、さようなら」

僕たちは、「自分が理想とする結果」が出るか、出ないかに一喜一憂しがちです。

そして、「理想どおりの結果」になることは少ないから、人はどんどん自信を失っていくのです。

でも、これまでの本でも講演でも、何回もお伝えしてきたのですが、「あなたの価値」は何かの結果で上下するものではありません。

だって、あなたが素晴らしいのは、そもそもの「決定事項」だから。

これまでのあなたの「理想」が百点満点中の百点だったら、これからはいっそ

「二点も取れていれば上等」くらいにしよう、という話です。

「なんで二点しか取れなかったの？」

　ではなく、

「二点で十分。あとの九十八点は、誰かと一緒に取ればいい」

　これが幸せなのです。


　ちょうど一年前、家で飼っていた猫のシーニャが死んでしまいました。

　シーニャは、僕らに見守られながら死んでいきました。

　でも、もしシーニャがノラ猫だったとして、誰も知らないところで死んでいったとしたら、不幸だったのでしょうか？

　おそらく、そんなことはないと思います。

「どうやって死ぬか」は、幸福とそれほど関係ありません。そして「理想どおり」でなくても、十分に幸せに生きられる。

　だから、楽しく生きて、〝そのとき〟が来たら、「はい、さようなら」と適当に死ぬのがいい。

ある本で読みましたが、人間を図に描くと、「一本の管」のようなものだそうです。

その管から「何かが入って、何かが出ていく。以上」。これが人間だというわけです。

食べ物を食べて、ウンチを出す。O_2（酸素）を吸って、CO_2（二酸化炭素）を出す。人間というのは、ただこれだけの存在なのです。

そして、この世の中の存在すべてが、「何かを入れて、何かを出す」という営みを行なっています。

植物がCO_2を取り入れ、O_2を出す。微生物が生き物の死骸を取り入れて分解し、それが植物の栄養素になる。そして、それを食べる動物がいて……と、地球上のすべての生き物は、食物連鎖でつながっている。

僕らは「循環のサイクル」の中の一つ、ただの生き物、部品にすぎないのです。

それなのに人間という生き物だけが、一生懸命に「損得」を考えます。

人間だけが、この世の中で、損得や不安で何かを「溜め込もう」とします。そうして、いろいろなものを壊したりと、世の中をおかしくしているのです。

でも、僕らはそもそも、「入れて、出す」だけの存在。だから、「損得」を考えることから生じる「悩み」を持つこと自体が無意味なのです。


僕らの中から、早く「損得」を捨ててしまおう。

「がんばる」とか、「理想」とか、そういうものから自由になろう。

楽しくやって、幸せに生きて、それで死んでいくだけの私たちです。

何かに悩む必要など、まったくないのではありませんか。

心屋　仁之助

本書は、オリジナル作品です。

心屋仁之助《こころやじんのすけ》の
それもすべて、神《かみ》さまのはからい。

著者　心屋仁之助（こころや・じんのすけ）
発行者　押鐘太陽
発行所　株式会社三笠書房
〒102-0072 東京都千代田区飯田橋3-3-1
電話　03-5226-5734（営業部）03-5226-5731（編集部）
http://www.mikasashobo.co.jp
印刷　誠宏印刷
製本　ナショナル製本

 ISBN978-4-8379-6812-2 C0130

貼るだけで、いいことが起こる!

「それで、いいにゃ」刺繍ワッペン

スマートフォンケース、手帳、ノートなどに
貼るだけで人生がワクワクしてくる!

文字部分と猫を
ハサミでカットして
2ピースにする
こともできます。
それで、
いいにゃ

使用上のご注意

★剥がしたあとに樹脂が残る場合があります。

★貼る場所や材質によっては、ご使用できない場合がありますので、ご注意ください。